AF496852

NOTICE

DE

LIVRES de THÉOLOGIE

D'HISTOIRE & AUTRES
QUI SERONT VENDUS PAR LOTS

PROVENANT DE SAINT-M..

dont la vente aura lieu le **MERCREDI 28 SEPTEMBRE** et jours suivants

A 7 HEURES DU SOIR

MAISON SYLVESTRE., 28 RUE DES BONS-ENFANTS

Par le ministère de M⁰ BOULLAND, commissaire - priseur

10, RUE DE LA MONNAIE

Les adjudicataires paieront, en sus du prix d'adjudication, cinq centimes par franc, applicables aux frais. — Les livres seront vendus sans garantie — On vendra, tous les jours de vente, 200 numéros, plus 50 lots au commencement des vacations.

PARIS

L'impression de cette notice ayant été confiée à un Imprimeur de province, et le temps nous ayant fait défaut, elle fut tirée sans correction d'épreuve, ce qui explique le grand nombre de fautes qui s'y rencontre. 28.....1877

---

1 Abadie. Traité de la vérité de la religion chrétienne. Rotterd., 1694, 3 v. in-12 rel. v. fauv.—*Controverses de Nicole* : De l'unité de l'Eglise contre Jurien. — Les prétendus réformés convaincus de schisme. Paris, 1723, 2 v. in-12 rel. v.

2 Abadie. Traité de la vérité de la religion chrétienne. Lá Haye, 1750, 4 vol. in-12, rel. n.

3 Abelly (L.) Les vérités principales et plus importantes de la foi et de la justice chrétiennes, expliquées clairement, etc. Paris, 1699. in-8 r. v. —*Gobinet.* Instructions sur la vérité du S. Sacrement. Lyon, 1703, in-12, rel. bas.

4 Abra de Racanis Totius philosophiæ hoc logicæ moralis. Paris. 1647, in-8

rel. vel.—J. Pierii in libros aristotellis demetæris. Rouen, 1645, in-8 rel.

5 Abrégé du recueil des actes, titres et mémoires contenant les affaires du clergé de France. Paris, 1764, in-f° rel. v.

6 **Actes** (les) des apôtres, commencés le jour des Morts et finis le jour de la Purification. Paris, l'an de la liberté, rel. en 5 vol.

7 **Affaire** des accusés d'avril, 1834, 3 vol. in-4, maroq. vert.

8 **Agnée.** Les fondements de la foi. Paris, 1807, 2 vol. in-12 rel. — La seule véritable religion démontrée, par l'abbé Hespelle. Paris, 1774, 1 vol. in-12 rel.

9 **Alton-Park,** ou conversations à l'usage des jeunes personnes. Nevers, 2 vol. in-8 br. fig.

10 **Anna Marie.** Le Lys d'Israël. Paris, 1839, 2 vol. in-8 br.

11 **Anecdotes** historiques, littéraires et critiques sur la médecine, la chirurgie et la pharmacie. Amsterd., 1785, 2 vol. in-12 rel. bas.— Anecdotes tirées de l'histoire et des chroniques suisses. Lausanne, 1796, 2 vol. in-18, demi-rel. fig.

12 **Anti-Dict.** philosophique, pour servir de commentaire au dict. philosoph. Avignon, 1775, 2 vol. in-4, rel. bas.—Dict. philosopho-théologique. Nismes, 1774, in-8 cart.

13 **Antoine** (R. P.) Theologia universa speculativa et dogmatica. Paris, 1743 7 vol. in-12 rel. v.

14 **Apologie** pour l'université de Paris, suivie des vérités académiques ou réfutation des préjugés populaires. Paris, 1643. in-8 rel. v. fauv. (Ce vol. contient plusieurs autres pièces imp.)

15 **Arnaud.** La perpétuité de la foi de l'église catholique touchant l'eucharistie. Paris, 1669, in-4, rel. v.

16 **Archange** Ripaut. Traité divisé en 3 liv., des illuminez, des adamites et des spirituels à la mode. in-8 rel. vel.

17 **Art** (l') d'être heureux dans toutes les conditions, précédé des merveilles de la providence. Paris, 1844.— L'Evangile code du bonheur. Trieste, 1800, 2 vol. in-8 br.

18 **Art** (l') de vérifier les dates de la révolution. Paris, an 12, in-12 d.-rel. — Annuaire du républicain, ou légende physico-économique avec l'explication des 372 noms imposés aux mois et aux jours. Paris, l'an 2 de la république.

19 **Atlas** universel complet de la géographie ancienne et moderne, d'après Lesage, etc. Paris, oblong, d.-rel.

20 **Aubert de Verse.** L'anti-socinien. Paris, 1694, in-12 rel.—Le pyrrhonien raisonnable, ou méthode nouvelle proposée aux incrédules. La Haye, 1765, in-12 rel. v.

21 **Avantages** (les) incontestables de l'Eglise sur les calvinistes. Paris, 1693, in-8 rel. v.

22 **Averoult.** Fleurs des exemples ou catéchisme historial. Rouen, 1626, 2 vol. in-8 rel. vel.

23 **Bailly.** Théologie dogmatique et morale. Besançon, 1823, 8 vol. in-12 d. rel.

24 **Brusfeld.** La théologie des pasteurs et autres prêtres ayant charge d'âmes. Lyon, 1657, in-8 rel. vel.—*Sismondi.* Antirrheticus de canone arausicano. Paris, 1633, in-8 rel. vel. — *Bayle.* Juris cultor theologus, etc. Paris, 1813, in-12 br.

25 **Bolœana** ou bons mots de Boileau avec les poésies de Sanlecque. Amsterdam, 1744, in-12 rel.

26 **Bœllarium** romanum novissimum a B. Leone Magno usq, ad, S. D. N. Urbanum VIII. Rome, 1638, 3 vol. in-f° rel. v. pl. et ports.

27 **Bonald.** Théorie du pouvoir politique et religieux dans la société civile, 1796, 3 vol. in-12 d. rel.

28 **Bonnardel.** Cours d'instructions familières. Lyon, 1808, 5 vol. in-12 rel. bas.— Inst. familières pour tous les dimanches de l'année. Paris, 1784,

2 vol. in-12 rel. v.

29 Bonnevie. Sermons panégyriques, oraisons funèbres, etc. Paris, 1823, 4 volumes in-12 d. rel.—Manuel des jeunes orateurs, ou tableau de l'éloquence, par Lanjuinais. Moudon, 1777, 2 vol. in-12 d. rel.

30 Barbé. Prières touchantes et affectives sur plusieurs sujets importants. Paris, 1720, 3 vol. in-12, rel. v.

31 Barruel. Mémoires pour servir à l'histoire du jacobinisme. Paris, 1817, 2 vol. in-12 br.

32 Basile, de Soissons. Défense invincible de la vérité orthodoxe de la présence réelle de J.-C. Paris, 1676, in-8 rel. v.—Tableau du vrai et du faux ecclésiastique. Caors, 1675, in-12 rel v.

33 Baudain Histoire des chevaliers de Malte de l'ordre de Saint-Jean-de-Jérusalem. Paris, 1659, in-f° rel. v.

34 Bauduer. Psaumes de David, trad. sur le texte hébreu, avec notes. Paris, 1785, 2 vol. in-12 rel. v.— *Laharpe.* Le Psautier en français, avec des notes. Lyon, 1818, in-12 rel. bas.— Psaumes de David avec les cantiques, les hymnes, etc. Paris, 1704, in-12 rel. maroq. noir, tr. d.

35 Baudrand. Œuvres diverses, dont l'ame élevée à Dieu,— Ame sur le calvaire,—L'ame embrasée, etc. 8 vol. in-12 rel. et br.

36 Bausset. Histoire de Fénelon. Paris, 1808, 4 vol. in-8 br.

37 Beati servati Lupi presbyteri et abbatis Ferrariensis ordinis S. Benedicti, opera. Paris, 1664, in-8 rel vel.

38 Beaumont (Leprince de) Lettres de Mme du Moutier. Lyon, 1767, 2 v. r. v.

39 Bechotein. Manuel de l'amateur des oiseaux de volière. Bruxelles, 1838, in-12 d. rel.—Manuel du jardinier, par Thouin. Paris, 2 vol. in-18 cart. fig. —Manuel des demoiselles aux arts et métiers, in-18 br. fig.— Manuel pour la concordance des calendriers républicain et grégorien. Paris, 1805, in-12 br.

40 Bochart. Geographiæ sacræ pars prior phaleg de dispertione gentium et terrarum divisione facta in ædificatione turris Babel. Cadomi, 1646, 2 t. in-f° rel.

41 Bellarmin. Descriptoribus ecclesiasticis. Loudun, 1678, in-12 rel. v.— Fragment sur l'histoire ecclésiast. du 19e siècle. Paris, 1844, in-8 rel. v.

42 Bellarmin. In psalmos. Lyon, 1664, in-4, rel. fatig.

43 Bellarin. Doctrina S. concilia trid. et catechismi romani. Rouen 1673, in-8 r. v.—Abrégé du catéchisme du Concile de Trente. Paris, 1736, in-12 r. v.

44 Belouino. Hist. du coup d'état. Paris, 1852, in-8 br.

45 Belouino. Histoire générale des persécutions de l'église, Lyon, 1842, 4 vol. in-8 br.

46 Benoist de Matougues. Œuvres de saint Jérôme. Paris, 1844, gr. in-8 br.

47 Berbiguier. Les farfadets, ou tous les démons ne sont pas de l'autre monde. Paris, 1821. 3 vol. in-8 d. rel. (portrait)

48 Bernardus de contemptu mundi, tractatulus metricus. s. d. n. l. goth. in-4. —*Artis bene moriendi* (Art de bien mourir à la fin).

49 Bernard. La couronne de saint Etienne, ou les colliers rouges. Paris, 1854 in-12 br.—Notice historique sur St-Etienne-du-Mont, par l'abbé Faudet. Paris, 1840, in-12 br.—Les gloires de Notre-Dame-du-Puy. Paris, 1846. in-12 br.

50 Bernard de Girard. Estats et succès des affaires de France. Paris, 1594. Idem, édit. de 1613. 2 vol. in-8 rel. vel.

51 Bergier Le déisme réfuté par lui-même avec les égarements de la philosophie pour y servir de suite. Paris, 1771, 3 vol. in-12 rel. v. — La certitude du Christianisme, par le même. Paris, 1771, in-12 rel. v.

52 Berruyer Histoire du peuple de Dieu. Paris, 1740, 1 vol. in-12 rel.

53 Berthier Réflexions spirituelles. Toulouse, 1811, 5 vol. in-12 rel. bas.

54 Besombes de St-Geniès Le triomphe de l'Homme-Dieu. Poitiers, 1791. 2 vol. in-12 rel. bas.—Tableau des grandeurs de Dieu dans la religion, la société et dans les merveilles de la nature. Paris, 1769, in-12 rel. v.

55 **Basse** (de) Conceptions théologiques ou sermons pour les dimanches du Carême, Avent, etc. Rouen, 1634, 4 vol. in-8 rel. vel.— Leçons catholiques sur les doctrines de l'Eglise, par F. Panigarole. Lyon, 1683, in-8 rel. vel.— Avec 3 autres sermonaires de la même époque, lat. franc. en tout 8 vol. in-8, rel. vel.

56 **Beurrier** Conférences ou discours contre les ennemis de la Ste Religion, Paris, 1779, in-8 rel. vel. — Instructions sur le luxe et la vanité des femmes, par Pipet. Paris, 1678, in-8 rel. v.

57 **Bible** (Ste) traduite en franç. avec l'explic. du sens littéral et du sens spirituel. Paris, 1698, 32 vol. petit in-8 (manq. quelq. vol.)

58 **Bible** (la sainte) en français goth. avec fig. sur bois (manq. les 2 prem. feuil.) 1491, in-f° d.-rel.

59 **Bible** (la sainte) cont. l'Ancien et le Nouveau Testament, trad. de Saci. Paris, 1722, 3 vol. in-12 rel. v.

60 **Bible** (sainte) trad. de la Vulgate, en anglais catholique. Dublin, 1837, in-8 rel. v.

61 **Bibliæ** sacra. Lyon, 1579, in-f° goth. rel. v.

62 **Biblia** sacra Vulgatæ édit. Paris (Vincent), 1741, 7 vol. in-24 rel. bas.

63 **Biblia** sacra Vulgatæ edit. Lyon, 1741, in-8 fatig.

64 **Bibliotheca** patrum apostolorum græca-latina. Lepsiæ, 1699, petit in-8 rel. vel. — *Walenburch* De controversiis tractatus generalis contracti. Paris, 1768, in-12 d.-rel.

65 **Bibliotheca** sancta, A. F. Sixto Senensi, ordinis prædicatorum. Paris, 1610, in-f° rel. v.

66 **Bégault**, chanoine, sermons et panégyriques. Paris, 1717, 4 vol. in-12 rel. v. — *Dutreuil*, Sermons choisis. Lyon, 1757, 2 vol. in-12 rel. v.— Dict. des prédicateurs Lyon, 1757, in-8 rel. v.

67 **Bide** (le vénérable) Expositia epistolarum, B. Pauli, apostoli, etc. Paris, 1649, in-f° rel. v.

68 **Blanchard** Exhortations pour les états différents des malades. Paris, 1732, 2 vol. in-12 rel. v.—*Pontas* id. pour le baptême, les fiançailles, le mariage et la bénédiction du lit nuptial. Paris. 1793, in-12, rel. v. — *Id.* courtes et pathétiques pour les personnes affligées. Paris, 1746, in-12 rel. v.

69 **Bleterie** Annales de Tacite. Paris, 1768, 3 vol. in-12 rel. v. — *Cornelius Nepos*, lat. et franc. Paris, 1759, in-12 rel. v.— Les amours de *Tibulle* et de *Sulpicie*, dame romaine. Paris, 1743, 2 tomes en un vol. rel. v. fig. — Les poésies d'*Anacréon* et de *Sapho*, de Mᵐᵉ Dacier. Amsterd. 1716, in-12 rel. v. fig.

70 **Bontbriand** L'incrédule détrompé et le chrétien affermi dans la foi. Paris, 1752, in-f° rel. v. — La censure des vices et des manières du monde. Paris, 1715, in-12 rel. v.

71 **Boiste** Dict. universel de la langue française avec le latin. Paris, 1808, in-4 rel. v. fil. tr. dorée.

72 **Bonhomme** (abbé) Principes d'une véritable restauration du chant grégorien. Paris, 1859, in-8 br. pl.

73 **Bonagratia** Compendiosa summula selectarum regularium indusum capucinorum ordinis minorum sancti Francisci. Lyon, 1674, in-8 rel.

74 **Bonnechose** Histoire de France. Paris, 1839, 2 vol. in-12 rel. v. gauf. fil. — *De Choisy*, Histoire de France sous les regnes de St-Louis jusqu'à Charles VI. Paris, 1750, 4 vol. in-12 rel. v. — Recueil des époques les plus notables de l'histoire de France, par Viard. Paris, 1759, in-12 rel. v.

75 **Bonnevie** et Chapelain, Sermons panégyriques et oraisons funèbres. Paris, 1827. 4 vol. in-8 br.

76 **Borjon** Abrégé des actes, titres et mémoires concernant les affaires du clergé de France sous Saint-Louis. Paris. 1630, in-4° rel. v.

77 **Bossuet** Discours sur l'histoire universelle. Paris (Didot), 1786. 2 vol. in-8 rel. fil. — Apocalypse de Bossuet, in-8 br.

78 **Bossuet** (la logique de). Paris, 1828, in-12, br. — Oraison funèbre. Paris, 1830, in-12 rel. bas. — *Fleury*, Mœurs d'Israëlites. Lyon, 1808, in-12 rel. bas. — Histoire de Charles XII. Paris, 1829, in-18 d.-rel.

79 **Bossuet** Discours sur l'histoire universelle. — Œuvres ascétiques et son histoire, 5 vol. in-12 rel.

80 **Boudard** Mémoires, lettres et pièces authentiques touchant la vie et la mort du duc d'Enghein. Paris, 1823, 2 vol. in-8 cart. portrait. — Observ. de M. *Hennequin* sur la mort du duc d'Enghein. Paris, 1832. in-8, br.

81 **Bougeaut** Amusements philosophiques sur le langage des bêtes, aug. de notes. Amsterdam, 1750, in-12 rel. v. — De l'âme des bêtes où après avoir démontré la spiritualité de l'ame de l'homme, l'on explique par la seule machine les actions les plus surprenantes des animaux. Lyon, 1676, in-12, rel. — La dernière guerre des bêtes. Lond., 1758, in-18 rel.

82 **Bourguet** Lettres sur la formation des sels et des cristaux et sur la génération et le mécanisme organique des plantes et des animaux, avec un mémoire sur la théorie de la terre. Amsterd., 1729, in-12 rel. v. fig. — *Chomel*, Histoire des plantes usuelles. Paris, 1712, in-12 rel. v.

83 **Bourassé** Equisse archéologique des principales églises de Nevers. 1844. — L'écho de la Ste Montagne, 2 vol. in-8 br.

84 **Bourdaloue** Sermons sur les mystères. Paris, 1709, 2 vol. in-8 rel. mar. rouge, armorié, tranche dorée. — *Idem* Sermons pour l'Avent. Paris, 1707, in-8 rel. v. portrait.

85 **Brasseur** (Ch.) de Bourbourg, Le Sérapéon, épisode de l'histoire du 4ᵐᵉ siècle. Paris, 1839, in-8 d.-rel.

86 **Bréviaire** des laïcs. Lille, 1832, in-12 rel. bas. — L'Ange conducteur. Neuchâteau, 1793, in-12 rel. bas. — Office de la Ste Vierge. Paris, 1784, in-12 br. — Office de l'après-midi, in-12 rel. v. vert dent. tr. dorée.

87 **Bréviaire** à l'usage de la confrérie des pénitents blancs. Grenoble, 1781, in-8 rel. avec fig.

88 **Breviarium** monasticum Junta regulam S. patria benedicto. Nancy, 1777, 4 vol. in-12 rel. maroq. rouge dent. tr. dorée (d'une belle conserv.)

89 **Breviarium** Romanum (bel exempl. caract. rouge et n. avec belles grav.) Paris, 1704, 4 vol. in-4 rel. maroq. tr. dorée.

90 **Brigands** (les) de la Vendée en évidence, suivi d'autres pièces relatives à la révolution. in-8 d.-rel. — Les crimes des sept membres des comités de salut public, par Lecointre. L'an III, in-8 d.-rel. — L'homme de désir. Lyon, 1790, in-8 d.-rel.

91 **Brisepot** (abbé) La vie de N. S. J.-C., écrite par les quatre évangélistes. Paris, 1853, 2 vol. gr. in-fo d.-rel. maroq.

92 **Brown** Essais sur les erreurs populaires. Paris, 1738, 2 vol. in-12 rel. v.

93 **Burigny** Vie du cardinal Duperron. Paris, 1768, in-12. — Vie de Dom Jean de Palafou. Cologne, 1772, in-12 rel. — Vie de Louis Stefanelli domestique du card. Cibo. Rome, 1779, in-12 br.

94 **Buffier** La doctrine du sens commun ou traité des premières vérités, contre Dupuy. Avignon. 1822, in-8 d.-rel.

95 **Bourgoin** La chasse aux larrons ou avant-coureur de l'hist. de la Chambre de Justice. 1618, in-12 non rel. — *Julien Pelens*, Le Chancelier de France. petit in-8 non rel. — L'oracle delphique, le Pacifique, le Véritable ou le mot en ami, l'Adieu des sceaux, Martin-l'Asne, in-8 réuni non rel. — Le Financier à MM. des Estats, br.

96 **Epître** du vieux cosmopolite Syrach. 1795, et autres, ens. 9 br. in-8.

97 **Credo** (le) des catholiques, Lettres de Nostre S. Père le Pape escrites à la noblesse, br. in-8 — Défense p. M. de Monluc. évesque. 1575 ; Issaïe vengé, Doubl. sens des Stes Ecritures. 1761. L'apparition du cardinal Bellarmin. 1760.

98 **Lettres** sur les rits malabares, 1745 ; Questions sur la confession, sur le
P. Bertier, la République des jésuites, Réplique aux apol. des jésuites :
Discours de l'abbé Fleury, Discours de l'abbé Becquet, le Semi-concor-
datisme dévoilé, Diss. sur la source et l'origine du schisme qui afflige
l'Eglise de France, 10 br. in-8 et in-12.

99 **Pain** (le) bénit, poëme de l'abbé Marigny, 1673 ; Réponse au Pain bénit,
in-12 cart. ; Poësies de Caillavet à M. D'Espernon, in-8 br. ; les Plain-
tes de Mg. le duc de Vendosme au Roy, poëme ; la Procopade, poëme,
ens. 4 br.

100 **Miroir** (le) du temps passé ; à tous bons Pères religieux ; Procès-verbal
de la condamnation de Gal Malagrida ; Liste des personnes condamnées
à l'acte publ. de foi ; Relation d'un miracle opéré le 9 janv. 1789 ; Pa-
negyricus regi christianissimo, tractatum de clericis, 1589, ens. 6 br.

101 **Vie** (la) et faits notables de Henri de Valois (tout au long sans en rien
requérir), 1589.—Remonstrances à MM. du parlement sur le parricide
commis en la personne du roy Henry le Grand, 1610, br. in-8 réun.—
Le Surveillant françois,—Le prophète françois, 2 br.

102 **Discours** des obsèques et de l'enterrement du roy Charles IX, in-8 br.—
Les propos que le roy a tenus à Chartres, Paris 1588, in-8, doublé de
l'advis envoyé au roi Philippe, etc.—La remonstrance, ou livre du roy
nostre souverain, br. in-8.

103 **Ligue** (la) nécessaire (contre les perturbateurs du repos de l'état), —
Les causes qui ont contrainct les catholiques à prendre les armes. Paris, 1589, br. in-8 réun.— Remontrances à Monsieur. — Lettres sur la
noblesse.—De la cause des divisions qui règnent en France. 1754.

104 **Déclaration** du roy pour la continuation de la levée du sol pour livre
durant trois années. Paris, 1601.—Requête envoyée au roy.— Proposi-
tion pour toute la noblesse, br. réun. in-8. —Requête de Jérôme Carré
aux Parisiens, Dialogue entre l'arch. de Sens et M. le garde des sceaux,
ensemb. 4 br.

105 Brochures curieuses sur Louis XVI, la révolution et la Vendée, dont : la
passion et la mort de Louis XVI, la résurrection de Louis XVI roi des
Juifs, av. fig. Domine salvum fac regem , Credo du tiers-état, Sauvez-
nous, sauvez-vous, Tirez le rideau, la farce est jouée, br. sur Charette
et de Cathelineau et autres sur la Vendée, ensemble.

106 Brochures div. sur Bonaparte, le duc de Berry, les jeux floraux, etc. 8 br.

107 **Cabassut.** Notices conciliorum sanctæ ecclesiæ, 1756. 2 v. in-8 rel. bas.
—Note sur le concile de Trente touchant les points les plus importants.
Bruxelles, 1711, in-8 rel. v.

108 **Cacheux.** Philosophie de l'hist. des conciles tenus en France. Paris, 1844,
in-8 d. r.—Abrégé chron. des conciles généraux. Paris, 1836, in-8 br.

109 **Caillot.** L'abbé de Lamennais devant le tribunal du peuple. Paris, 1838,
in-8 br.—Système philosophique de Lamennais, Lyon, 1825, in-8 br.—
Essai de réfutation du système dangereux de Lamennais , Paris, 1821,
in-8 b.—Lamennais réfuté par lui-même. Paris, 1841 in-32 br.

110 **Caillau.** Histoire critique et religieuse de N.-D. de Roc-Amadour. Paris,
1834, in-8 br —Hist. de la statue miraculeuse de N.-D. de Bonne-Déli-
vrance. Paris, 1844, suivi du manuel de la confrerie de la bonne mort,
orné de j. gr., in-12 r.

111 **D. Calmet.** Dict. hist., crit., chron., géog., et littéral de la Bible, enri-
chi d'un gr. nombre de fig. en taille d. Paris, 1722, 2 vol. in-f°, r. v.

112 **Camuset.** Principes contre l'incrédulité à l'occasion du système de la nature. Paris. 1771, in-12 r. bas. — Le protestant cité au tribunal de la
parole de Dieu. Paris, 1765, in-12, r. v.—Le philosophe moderne con-
damné au tribunal de sa raison. Paris, 1765, in-12 r. v.—Méthode d'instruction pour ramener les protestants à l'église romaine , par de La-
forest. Lyon, 1784, in-12 r. bas.

113 **Camusat**. Paraphrase sur Job. Paris, 1637, in-8 r. (tit. gr.)

114 **Camille Gordon**. Vrai sens du vote sur le consulat à vie (manuscrit) p. in-8 cart.

115 **Cardoni**. De tusculano. M. T. Ciceronis nunc crypta forata adversus Zuzzeri. Rome, 1757, in-4 d. r. (b. exemp.) — *Kersaint*. Discours sur les monuments publics. Paris, 1791, in-4 br. avec fig.

116 **Caraccioli**. Ses œuvres diverses, dont la jouissance de soi-même, — La gaieté,— Lettres récréatives,—Vie de Mme de Maintenon,—Tableau de la mort, etc., etc. 11 v. in-12 r. v.

117 **Carranzam**. Summa omnium conciliorum et pontificium. Lyon, 1675, in-8 r. v.

118 **Carrières** (de) Commentaire littéral sur le Nouveau Testament avec texte latin à la marge. Reims, 1710, 5 v. in-12 r. v.

119 **Carrelet**. Œuvres spirituelles et pastorales. Paris, 1605, 7 v. in-12 br.

120 **Castilho** (de) Dict. mnémonique. Lyon, 1834, in-8 br.

121 **Cassiodori** senatoris opera. Aureliæ, 1509, in-8 r.

122 **Catéchisme** de Montpellier. Paris, 1719, 3 vol. in-12 r. v—*Villiers*. Explication littérale sur le catéchisme de Paris. 1768, in-12 r. v. — Catéchisme hist. et dogmat. La Haye, 1729, 2 v. in-12 r. v.

123 **Cazotte**. Œuvres badines et morales. Amst., 1773, 3 v. in-8 r. v. fig.

124 **Cérémonial** à l'usage des religieuses ursulines, selon le rituel romain. Paris, 1658, in-8 r. v.

125 **Cérémonial** du sacre des rois de France, précédé de dissertations sur cet acte de religion. Paris, 1775, p. in-8 r. v.

126 **Chérubin** d'Orléans. La dioptrique oculaire ou la théorique, la positive et la mécanique, etc. Paris, 1671 in-f° r. v.

127 **Chevassu**. Méditations sur les vérités chrétiennes et ecclésiastiques. Lyon, 1751, 5 vol. in-12, rel. v.

128 **Choix** d'ouvrages mystiques. Paris, 1835, gr. in-8 cart.

129 **Chorus**. Poetarum classicorum duplex, sacrorum et profanorum. Lyon, 1646, in-4, rel. v.

130 **Chrétien**. La musique étudiée comme science naturelle, grammaire et dictionnaire musical. Paris, 1811, in-8 br.

131 **Ciel** (le) réformé, trad. de Spaccio. della bestia trionfante, 1750, in-12, rel. v. fil. — Fantosme du jansénisme, ou justification des jansénistes. Cologne, 1688 in-12, r. v.—Le progrès du jansénisme. Quiloa, 1763 in-12 b.

132 **Clementis** (D.) Alexandrini opera grœce et latine. Lugd. Batav. 1616, in-f°, r. v. fauv. fil.

133 **Clot** (du) Explication hist., dogmat. et morale de la doct. chrét. et cathol. Venise, 1796, 7 vol. in-8 d. r.

134 **Cleuveri** (Joh) Historiarum totius mundi epitome a prima rerum origine usque ad annum Christi. Amst., 1668, in-4 r. t. d. (aux arm. de Fr.)

135 **Colbert**, év. de Montpellier (Œuvres). Cologne, 1740, 3 v. in-4.

136 **Collectio** queredam gravium authorum qui ex professo vel ex occasione sacræ scripturæ. Paris, 1664, in-4 r. v.

137 **Collet**. Sermons pour les retraites. Lyon, 1764, 4 vol. in-12, r. v.—*Asselin*. Discours sur divers sujets de religion et de morale. Paris, 1786, 2 vol. in-12, rel. bas.

138 **Collot**. Recueil de cantiques : de Ste-Géneviève,—de St-Sulpice,— d'Amiens,—de Seez.—Cantiques spirituels avec la musique.—L'office de la Ste Vierge, trad. en vers,—Les plaisirs de l'espérance, par Montémont, poème. Paris, 1824, in-18.—Les chants du repentir. Paris, 1847.

139 **Combes** (François) L'abbé Suger, hist. de son ministère et de son régime. Paris, 1853, in-8 (portr.)

140 **Compans**. Histoire de la vie de J.-C. Paris, 1788, 2 v. in-12 rel. v.

141 **Cammiers**. Pratiques curieuses, ou les oracles des Sybilles sur chaque question proposée, éd. augment. avec la fortune des humains. Paris.

1770. in-12 rel. bas. — Principes généraux pour l'intelligence des prophéties. Paris, 1763 in-12 rel. v. — *Sherlock*. L'usage et les fins de la prophétie. Paris, 1754. 2 vol. in-12 rel. v.

142 **Conférence** (la) du diable avec Luther contre le saint sacrifice de la messe. Paris, 1740. in-12 rel. v. — Examen des critiques du livre de l'esprit. Londres, 1760. in-12 rel. v. fil. — Les amours pastorales de Daphnis et Chloé, avec fig. en taille douce. La Haye, 1764, in-12 r. v.

143 **Conférences** et discours sur divers points de morale à l'usage des ecclésiastiques. Lyon, 1821, 2 vol. in-12 r. bas.—Principes de la perfection chrét. et religieuse, avec des suppléments pour les vierges chrét. qui vivront dans le monde. Paris, 1749, in-12 r. v.

144 **Constitutions** du monastère de Port-Royal. Paris, 1724, in-18 rel. v.— Pénitence publique d'un illustre janséniste, par de Marande. Paris, 1653, in-18 rel. v.— Conférence d'un catholique avec un janséniste, par St-Péan. Paris, 1655, in-18 rel. v., suivie de la rétractation de P. Jarrige.

145 **Connaissance** (de la) de J.-C. considérée dans ses mystères. Paris, 1762, 2 vol. in-12 rel. v,

146 **Constitutiones** societatis Jesu et examen cum declarationibus.— Litteræ apostolicæ quibus institutio confirmatio. Anvers, 1635, in-8 vel.

147 **Conclavi** de Pontifici romani, 1668, in-18 r. v.

148 **Conversations** chrétiennes par Mallebranche. Rouen, 1695, in-12 r. bas. — Traité du caractère essentiel à tous les prophètes. Bruxelles, 1741, in-12 r. v.

149 **Cordier.** Lettres à Edouard sur les catacombes romaines. Paris, 1852, in-8 br.

150 **Court de Gebelin.** Grammaire universelle.— Origine de la langue et de l'écriture.—Dict. étymolog. de la langue latine. Paris, 1779, 5 v. in-4 d. r.

151 **Coutume** (ancienne) de Bretagne. Nantes, 1710, 2 vol. in-4 rel. v.

152 **Cours** de lectures sur les vérités importantes de la religion, par l'auteur de l'examen raisonné. Lyon, 1844, 2 vol. in-12 d.-rel.—Tableau des persécutions de l'Eglise pendant les trois premiers siècles. Paris, 1833, in-12 rel. bas.

153 **Crabot** Mission (la) du curé de Paris. 1849. gr. in-8 br.

154 **Crasset** Considérations chrétiennes pour tous les jours de l'année et instructions spirituelles pour la consolation des malades. Paris, 1719, 6 v. in-12 rel.

155 **Croiset** Retraite spirituelle pour chaque jour du mois. Lyon, 1822, 2 vol. in-12, br.— Retraite de 10 jours pour se disposer à la fête de Noël. Paris, 1761, in-18 rel. v.—Exercice spirituel des pensionnaires des religieuses ursulines. St-Brieux, 1783, in-12 rel. v. —Exercices spirituels des sœurs du très-saint Sacrement. Paris, 1774, in-12 rel. maroq.

156 **Castilho** Dict. mnémonique. Lyon, 1834. in-8 br. — Grammaire raisonnée de la langue latine, par Champsault. Paris, 1842, in-8, br. —Grammaire française raisonnée, par Beauzie. Paris, 1826, in-12 br.—Grammaire angl. raisonnée et comparée, par Guiol. Paris, 1833, in-8 br.

157 **D. Cypriani** Opera. Anvers, 1589, in-f° rel.

158 **Dacier,** L'Iliade et l'Odyssée d'Homère. Amster., 1731, 7 vol. in-12 rel. v.

159 **Danet** Dict. Antiquitatum roman. et græc. Amsterd., 1704, (édit. à la sphère) petit in-4 rel. v.

160 **Daniel** de Paris, Conférences théologiques et morales. Paris, 1781, 4 v. in-12 rel. bas.

161 **Dard** Opinions d'un Jurisconsulte sur diverses questions concernant les dettes contractées par les émigrés ensemble. Essai sur la propriété, par Bergasse. Paris, 1829, in-8 d.-rel. dos de v.

162 **Decisionum** curiæ Brabantiæ ses qui centuria auth. D. Petro Stockmans. Bruxelles, 1670, in-4 rel. v.

163 **Delacroix** Dict. historique des cultes religieux établis dans le monde. Pa-

ris, 1775, 3 vol. in-8 rel. v. fig.

164 **Delaborde** Le clavecin électrique avec une nouvelle théorie du mécanisme et des phénomènes de l'électricité. Paris, 1761, in-12 rel.

165 **Défense** de la déclaration de l'assemblée du clergé de France de 1782, touchant la puissance ecclésiastique. Amsterd., 1745, 3 vol. in-4 rel. v.

166 **De la Flotte** Essais historiques sur l'Inde. Paris, 1769, in-12 rel. v. fil. fig.—Histoire du christianisme des Indes, par La Croze. La Haye, 1724, in-12 rel. v.

167 **Delacroix** (J.) De statu religionis, et de priviligiis, etc. Madrid, 1613, in-12 d.-rel.—Regula cleri. 1760, in-12 rel. v.— Réglement donné à une dame de haute qualité. Paris, 1698, in-12 rel. v. — Recueil alphabétique de pronostics dangereux et mortels sur les maladies de l'homme. Paris, 1746, in-8 rel. v.

168 **Delandine** Vie du duc de Berry. Paris, 1820, in-8 br.—Mémoires sur la captivité de la duchesse de Berry, par Chateaubriand. Paris, 1833, in-8 br.—Mémoires du duc de Normandie. Paris, 1834, in-8 br. portraits.— Le bon Robespierre, par Chabot. Paris, 1852, in-12 br.

169 **Délégation** des religieux, ou l'examen et rapport de la puissance légitime qu'ont les religieux d'entendre les confessions en tous temps et en tous lieux. Paris, 1648, in-8 rel. vel — Les devoirs d'un fils aux funérailles d'un père, par Delamotte-Dutertre, Paris, 1622, in-18 vel.

170 **Deradan.** La lumière de la raison opposée aux ténèbres de l'impiété. Genève, 1665, in-8 rel. v.—Lumière sortant par soi-même des ténèbres ou véritable théorie de la pierre des philosophes. Paris, 1696, p. in-12 rel. v.

171 **Desbois** (Franç.) L'abbé commendataire, ou l'injustice des commandes est condamnée par la loi de Dieu, par les papes et par les rois de France. Cologne, 1679, in-12 rel. vel.—Plainte de l'assemblée générale du clergé de France contre les calomnies des prétendus réformés. 1685, p. in-12 d. rel. v.

172 **Descript. du Calvaire** des lauriers. 1820. Paris. in-8 br. fig.

173 **Desprez de Boissy.** Lettres sur les spectacles, 1771, in-12 rel. v.

174 **Despréaux** (J.-E.) Mes passe-temps suivi de l'art de la danse, poème en 4 chants. Paris, 1806, 2 v. in-8 br.—Entretiens naïfs du jardinier Hubert avec M. de Varignon, son ci-devant seigneur, et Nicolas, garçon jardinier, in-8 br.

175 **Dévotion** (la) au Sacré Cœur, précédée de la vie de Marie Alacoque. Paris, 1732, in-12 rel. v. agraffes. — La dévotion au Sacré Cœur. Nancy, 1764, in-12 rel. bas.—Instructions pratiques pour la dévotion au S. Cœur Sens, 1744, in-12, rel. v.—Pratiques de la dévotion au S. Cœur. Lille, 1704, in-12 rel. bas.

176 **Dict.** anti-philosophique avec la notice des principaux auteurs qui ont attaqué le Christianisme. Avignon, 1767, in-8 rel. v.—Dict. des prédicateurs français. Lyon, 1757, in-8 rel. v.

177 **Dict.** de la danse, cont. l'hist., les règles, les princip. de cet art. Paris, 1787, in-8 d. rel.—Anecdotes ecclésiastiques. Amst., 1738, in-12 r. v.

178 **Dict.** universel français et latin. de Trévoux. Nancy, 1734. 5 v. in-f° r. v.

179 **Dict.** des girouettes, ou nos contemporains peints d'après eux-mêmes. Paris, 1815, in-8 br.—Dict. anti-philosoph. Avignon, 1767, in-8 br.

180 **Dict.** chronolog., histor., critiq. sur l'origine de l'idolàtrie. Paris. 1736. in-4 rel. v.

181 **Dict.** de l'académie française. Paris. l'an VII de la république. 2 vol. in-f° cart.

182 **Dict. de Napoléon Landais.** Paris. 1834. 2 vol. in-4 rel. bas.

183 **Diessbach.** Le chrétien catholique inviolablement attaché à sa religion. Turin, 1764, 2 vol. in-8 rel. v. fig.

184 **Dinouart**. L'Embriologie sacrée, ou traité des devoirs des prêtres: des

médecins, des sages-femmes envers les enfants qui sont dans le sein de leur mère. Paris, 1774, in-12 rel. fig.

185 **Discours** sur l'incrédulité et sur la certitude de la révélation chrétienne, par l'évêque de Strasbourg, in-8 br.—Discours sur la puissance du pape, Paris, 1756, suivi de l'œuvre de ténèbres, ou les abominations du G..., 1801, et de plusieurs pièces intéressantes, Paris, 1756, in-12 d. rel.,—Discours du chancelier d'Aguesseau, Paris, 1773, in-12 rel. v.

186 **Discussion amicale** sur l'église anglicane, par l'évêq. d'Aire, Paris, 1824, 2 vol. in-8 br.

187 **Divi Alberti** opera (gothique) Bade, 1519, in-f° rel. v.

188 **Divi Cyrilli** liber de sacro sancta trinitat et imprimis de persona Christi agens Augustæ vindelicorum, 1604, in-8 rel. vel. — Avertissement de Vincent de Lerins, touchant l'antiquité des mystères de l'église, Paris, 1696, in-12 rel. vel.

189 **Doctrine** (la) ancienne des théologiens de la faculté de Paris, 1766, in-8 rel. vel. — Conformité de la conduite de l'église de France avec celle d'Afrique pour ramener les protestants. Paris, 1685 in-8 rel. vel.

190 **Dom Jamin**. Pensées diverses relatives aux erreurs du temps, Lons-le-Saulnier, 1826, in-12 br.—Traité de la lecture chrétienne. Paris, 1774, in-12 rel. bas.—Le fruit de mes lectures, Paris, 1775, in-12 rel. bas.—La religion vengée par l'incrédulité elle-même, Paris, 1772, in-12, rel. v.—Exposition de la doctrine de l'église romaine, par Ballet, Paris, 1756, in-12 rel. v.

191 **Dubocage**. La Colombiade, ou la foi portée au Nouveau Monde, Paris, 1764, in-8 rel. bas., portrait et belles fig.— Poésies d'Osseville, Paris, 1837, in-12 br.— Chant de l'aurore, par Dupuy, Paris, 1839, in-12 br.—Poésies de Magu, Paris, 1842, in-48 br.—Souvenirs d'un prêtre dans ses voyages aux îles, in-12 br.

192 **Dubosc**. L'honnête femme, divisée en 3 parties, Paris, 1658, in-12 rel.—L'homme instruit par sa raison et sa religion, dialogue moral et chrét., par Desrues, religieux de St-Benoist, Paris, 1685, in-8 rel. v.

193 **Dubosc**. La découverte d'une nouvelle hérésie cachée sous la négation du fait de Jansénius, Paris, 1662, in-4 vel.

194 **Dugoumer**. Recueil de pièces pour servir à l'histoire ecclésiastique, ou le mea-culpâ de Voltaire, Paris, 1829, in-8 d. rel. d. de v.

195 **Duguet** Explication de la passion, de l'ouvrage des six jours, du livre de Job, et autres traités de cet auteur, 22 v. in-12, rel. v.

196 **Dumoulin** Distiques de Caton, suivis des quatrains de Pibrac, le tout traduit en prose et en grec, Paris, 1802, in-8 br.—*Courtois*. La Bonapartide, ou le nouvel Attila, Paris, 1819, in-8 br.— Discours sur l'inauguration de la statue du duc Ch.-Alex. de Lorraine, Bruxelles, 1774 (portrait), in-4 br.

197 **Dunod** Traité des prescriptions, de l'aliénation des biens de l'église et des dixmes, Dijon, 1730, in-4 rel. v.—Barilaio Theologiæ vere christianæ apologio carola secundo magnæ Britanniæ, etc. Regi. Londres, 1676, in-4 rel. v.

198 **Duparc** Coutume générale de Bretagne, notes de Hedin et Dumoulin, Rennes, 1745, 3 vol. in-32 rel. v.

199 **Dupin** Liber psalmorum cum notis.—Traité philosophique sur l'amour de Dieu,— Traité de la puissance ecclésiastique,— Traité de la doctrine chrétienne et orthodoxe, 4 v. in-8 rel. v.

200 **Duquesne** L'ame unie à J.-C. dans le T. S. Sacrement de l'autel, 2 vol. in-12 rel, bas.—Traité du mariage chrétien, par Horry, notaire apostolique. Paris, 1700, in-12 rel. d. — Apologie des jugements rendus en France contre le schisme, 1751, 2 vol. in-12 rel. v.

201 **Duquesnel** Hist. des lettres avant le Christianisme. Paris, 1836, 2 vol. in-8 rel. v. fil.

202 **Duval**, Aristotelis opera omnia quæ extant græce et latine, Paris, 1629. 2 vol. in-f° d. rel.

203 **Duvoisin**, Autorité des livres de Moyse établie et défendue contre les incrédules,—Démonstrations évangéliques,—L'autorité des livres du Nouveau Testament, Paris, 1777-1802, 3 vol. in-12.

204 **Duvoisin**, Démonstration évangélique suivie d'un Essai sur la tolérance, Paris, 1805, in-8 rel. bas.—Le fervent ecclésiastique pénétré des devoirs de son état, Paris, 1814, in-12 rel. bas.

205 **Emmerling**, Traité de la minéralogie (texte allemand) 2 vol. in-8,—*Kerner*, le Visionnaire de Prévorst, ou le monde des esprits en communication avec le nôtre (texte allemand), in-8 rel. avec pl. et fig.

206 **Emmanuellis** Sa. D. T. societicus notationes in totam scripturam sacram, Lyon 1662.

207 **Ère** (l') nouvelle, depuis le commencement de sa publication (15 avril 1848) jusqu'au 31 janvier 1849, gr. in-f° d. rel

208 **Essais** de Panégyriques pour les fêtes des saints de l'année, Paris, 1691, 2 vol. in-8 rel. v.—Sermons de Cambacérès, Avignon, 1822, 3 t. rel. en 2 vol.

209 **Etrennes** au beau sexe, ou la constitution française mise en chansons , suivi de notes, Paris, 1792, in-18 rel. v. fig.

210 **Etude** hist. et litt. sur Tertulien, Paris, 1839, in-8 br.—Etudes d'un jeune philosophe chrétien, Paris, 1822, in-8 rel. bas.

211 **Eusebii** Pamphili, Præparatio evangelica,—De demonstratione evangelica libri decem, grec-latin, Paris, 1628, 2 vol. in-f° rel. v.

212 **Eusebii** Pamphili Cæsariensis opera Basileæ, 1559, in-f° rel. bas.

213 **Eustache du Rosaire**, L'art de bien mourir, en 5 exhortations tirées des Sts Pères, etc. (texte allemand), 1677, in-4 rel. fig.

214 **Entretiens** d'un jésuite avec une dame sur la constitution *Unigenitus*,—Id. de l'abbé et du curé sur le même sujet,—Id. d'un supérieur de communauté sur le même sujet, suivi d'une instruction sur la prédication,—Id. d'un évêque au sujet des affaires du temps. 5 vol. in-12 rel. v.

215 **Entretiens** familiers en forme de catéchisme, Lyon, 1819, 4 vol. in-12 rel. bas.—Explications des premières vérités de la religion, par *Colbat*, Clermont, in-12 br.

216 **Examen** de deux questions importantes sur le mariage, 1753, in-4 rel. v.

217 **Examen** raisonné, ou décision théologique sur les commandements de Dieu et de l'Eglise, Lyon, 1840, 2 vol. in-8

218 **Explication** de l'Apocalypse, ou hist. générale de la guerre entre le bien et le mal, par un abbé de la Trappe, Chollet, 1844, in-8 br.

219 **Exauvillez**, Les combats de la foi dans l'adversité, Paris, 1839 in-8 br.—Œuvres poétiques du marquis de Valori, Paris, 1830, in-8 br.— Traité de la religion chrétienne, par de Jessé, Paris, 1847, 2 vol. in-12 br.

220 **Fabricius**, Théologie de l'eau, ou essai sur la bonté de Dieu, Paris, 1743, in-8 rel. bas.— *Derham*, Théologie astronomique, ou démonstration de l'existence de Dieu, avec fig. La Haye, 1729, in-8 rel. v.

221 **Faure**, Lettres édifiantes et curieuses sur la visite apostolique de La Baume, évêque d'Halicarnasse, Venise, 1753, 3 vol. in-12 rel. v.—Madeleine Odermatt, du canton d'Uri, Genève, 1838, in-12 br.

222 **Faure**, abbé de Ste-Géneviève, Directoire pour les novices des chanoines réguliers, Paris, 1711, in-12 rel. v.,—Instruct. pour les novices et autres personnes aspirantes à la vie religieuse, par le R. P. Pacifique de Tannay, Poitiers, 1747, in-18 rel.

223 **Fay** (du) Sermons pour le Carême, Paris, 1738, 4 vol. in-12 rel. v. — *Bocquillot*, Homélies sur les commandements de Dieu et de l'Eglise et sur le Symbole des Apôtres, etc. Paris, 1690, 4 vol. in-12 rel. v. (un vol. moisi à la marge.)

224 **Femmes** (les) militaires, relations historiques d'une ile nouvellement dé-

couverte, enrichies de fig. Paris, 1735, in-12 rel. v.

225 **Fénelon**, Aventures de Télémaque, in-8 rel. avec port, et gr.)

226 **Feri** (J.) Judaico sanctum Jesu Christi domini evangelicum secundum Matheum. Paris, 1560, in-8 rel. v.

227 **Ferri de St-Constant**, Rudiments de la traduction, ou l'art de traduire le latin en français, Angers. 1811, 2 t. en un vol. in-8 rel.

228 **Feuardent**, Semaines ou dialogues auxquelles sont examinées et réfutées cent soixante-quatorze erreurs des calvinistes, Paris, 1589, in-8 rel. vel.

229 **Feutry**, Manuel tironien, Paris, 1775, in-8 rel.—Tables de logarithmes, Paris. 1768, in-8 rel. v.—Calendrier perpétuel, Paris, 1774, in-12 rel. bas.

230 **Flamerang**, De l'influence des femmes dans la société, Paris, 1830, in-12 d. rel. — *White*, Avis aux femmes enceintes et en couches, des moyens de prévenir les maladies qui les affligent ; avec un traité de l'allaitement maternel, Paris, 1774, in-12 rel. v. fig. — L'ami de la nature, par de Girard, Paris, 1787, in-12, rel. v.

231 **Flavius Joseph**, Histoire de la guerre des Juifs (latin), p. in-8 rel.

232 **Fléchier**, Sermons de morale prêchés dev. le roi, Paris, 1750, 2 v. in-12 rel.—Id. Recueil d'oraisons funèbres, 1768, in-12 rel. v.—Conférences sur les épîtres et les évangiles de l'année, Paris, 1728, 2 vol. in-12 r. v.

233 **Flixier** de Rival (Toller), Catéchisme critique et moral, Paris, 1820, 2 vol. in-12 rel. — Le parfait bonheur, ou pratique de la vertu, Paris (Gaume) 1835, 2 vol. in-18 br.

234 **Folie** (la) des prétendus esprits forts, des impies, des indifférents et des séparatistes dévoilée, Berlin, 1753, 2 vol. in-12 rel. bas. fig.

235 **Forichon**, Examen des questions scientifiques, Paris, 1837, in-8 br.

236 **Formey**, L'anti-Sans-Souci, ou la folie des nouveaux philosophes dépeinte au naturel, Bouillon, 1761, 2 vol. in-12 rel. v. fig. (aux armes).

237 **Fourneux**, L'année chrétienne, Paris, 1746, 6 vol. in-12 rel. v.

238 **Fourmont**, Confessions de St-Augustin, in-8 fig. 1840.

239 **Franc**, méthode pratique pour converser avec Dieu, Lyon. 1766, in-12 rel. v. — Dévotion aux souffrances et à la croix de N. S. J.-C., Paris. 1811, in-12, rel. fig.

240 **François**, Examen des faits qui servent de fondement à la religion chrét. Paris, 1767, 4 vol. in-12 rel. v.

241 **François** Georges, de Venise, In scripturam sarram et philosophos tria millio problemata, Paris, 1622, in-4 rel. vel.

242 **Frayssinous**, Défense du Christianisme, ou conférences sur la relig. Paris, 1825, 4 vol. in-12 br.

243 **Frassen** (R. P.) Disquisitiones Biblicæ. Paris, 1682, in-4 rel. v.

244 **Frossardi** et Camissari hift rerum calicarum, Franc. 1594 in-12 d. r.

245 **Galerie** des contemporains illustres, par un homme de rien, Paris (René) 3 vol. in-12 br.

246 **Gaudiosum** Horidum Explicationes catholicæ terrorum fere omnium veteris ac Novi Testamenti. Cologne, 1584, in-8 de près de 1500 pages rel. v.

247 **Gebelin** (de) Hist. nat. de la parole, Paris, 1776, in-8 rel. v.— *Moussaud*, L'alphabet raisonné, ou explication de la figure des lettres, Paris, 1803, 2 vol. in-8 br.

248 **Gouderville**, L'éloge de la folie, trad. du latin d'Erasme, avec des notes et plein de fig. 1757. in-12 d. rel.—Leggendario di alame sante vergini I quo volleri marire per Jesu Christo, etc, Rome, 1783, in-8 d. rel. fig. sur bois.

249 **Genealogia** Jesu Christi per mundi Actates versu deducta. Anvers, 1654, in-8 rel. vel.

250 **Genoude** (de) Ste Bible. Paris (imp. royale), 1828, 3 vol. in-8.

251 **Girard** Les peintures sacrées sur la Bible, fig. enrichies. Paris, 1696, 3

vol. in-12 rel. v.

252 **Girard** de Vilthiéry, La Vie de J.-Ch. et du chrétien, des clercs, évêq. et autres ecclésiastiques, des riches et des pauvres, des gens mariés, des religieux, des pénitents, des veuves, des vierges et le chrétien étranger sur la terre. 9 vol. in-12 rel. v.

253 **Godefroy** La conduite canonique de l'Eglise pour la réception des filles dans les monastères. Paris, 1670. in-12 rel. v.—Principes de religion ou préservatif contre l'incrédulité. in-18 rel. v. — Conversation de Dom Augustin. abbé de la Trappe. Lyon, 1819, in-18 rel. bas. — Méthode pour bien prier Dieu, par le P. de Gonnelieu, avec l'office de la Ste Vierge. Paris, 1769, in-12 rel. v.

254 **Godeau**. évêq. de Vence, tableaux de la pénitence. Paris, 1711. in-12 rel. fig.

255 **Gonnelieu** Les exercices de la vie intérieure. Paris, 1734, in-12, rel. v. —Prières et avis salutaires, par Lancry, abbé, pour les personnes qui aspirent à la perfection. Douay. 1763, in-12, rel. bas. — Œuvres spirituelles. Amsterd., 1784, in-12 rel. v. — Le propre de l'oraison. Paris. 1753, in-12 rel. bas. avec fig.

256 **Goret** L'ange conducteur dans la dévotion chrétienne (gros caract.). Lyon, 1756, in-12 rel. v. —Sentiments d'un chrétien touché d'un véritable amour de Dieu, suivi de l'horloge de la passion. Paris, 1713, in-12 rel. nomb. de jol. fig.

257 **Grand** Paroissien complet lat.-franç. à l'usage de Paris. Lille, 1848. in-18 br.

258 **Granié** Histoire de l'Assemblée constituante. Paris, 1797, in-8 rel. v. fil. —Convention entre le gouvernement Français et le pape Pie VII. Paris. an x, in-8 d.-rel. v.

259 **Gravineau** Catholiciæ præscriptiones adversus omnes veteres et nostri temporis Hæreticos. Naples, 1619, in-f⁰ rel.

260 **Grégoire** (St) de Nazianze, Opuscule en vers et en prose, grec-latin. Paris, 1575, in-8, rel. vel.

261 **Grimaud** et Durocher, Essai sur la physiologie humaine. Paris, 1825, in-12 br.—Anti-contrat-social au réfutation de J.-J. Rousseau, par de Beauclair. La Haye, 1765. in-12 rel v. fil. tr. dorée.

262 **Grenade** (Louis de) Le Mémorial de la vie chrétienne, Paris, 1767, 2 v. in-8 rel. v. (rappareillés.)

263 **Griffet**, Traité des preuves qui servent à établir la vérité de l'histoire, Liége, 1770, in-12 rel. bas.— Id. L'insuffisance de la religion naturelle prouvée par l'écriture sainte, Liége, 1771, in-12 rel. v.

264 **Gritus** del purgatorio y medios para acarbarlos, Leon de Francia, 1709. in-8 rel. v.—Renter, Meo confessarius practice instructus, Cologne, 1763, in-8 cart. —Silii Italici, Poetæ et bello punico, libri septem decim, Paris, 1531, in-8 rel. v.

265 **Guillemin**, Le livre des psaumes en vers français, Paris. 1838, in-8 br. Cistac, Prières poétiques, Paris, 1838, in-8 br.— Vorms, Recueil de poésies à l'usage des jeunes personnes, Bordeaux, 1851, in-8 br.

266 **Guillebert**, Paraphrase de l'Ecclésiaste et explication des épitres de saint Paul, Paris, 1631, 3 vol. in-8 rél. vel.

267 **Guzen**, Bibliothèque ecclésiastique en forme d'instructions dogmatiques et morales sur toute la religion, Paris, 1770. 8 vol. in-12 rel.

268 **Hamon**, De la solitude, Traités de la prière continuelle, de la pénitence. de piété, de pratiques religieuses, Recueil de ses lettres, 9 tomes rel. en 8 vol. vel. in-12.

269 **Harduini** e soc. Jesu, Commentarius in Novum Testamentum. Amstelodami. 1741, in-f⁰ rel. v.

270 **Harel**, L'esprit du sacerdoce. Paris, 1818. 2 vol. in-12 br.— Fabre. Le ciel ouvert par la confession. Lyon. 1837. in-12 d. rel.—J. de Géramb.

L'éternité! et nous n'y pensons pas, Paris, 1834, in-12 d. rel.

271 **Hautteville**. La religion chrétienne prouvée par les faits, avec un discours hist. et critique, Paris, 1722, in-4 rel. v.

272 **Hénault** (Président), Abrégé chron. de l'hist. de France, Paris, 1775, 3 vol. in-8 rel. v. fil.— *Péréfixe*, Histoire du roi Henri-le-Grand, Paris, 1684, in-12, rel. v.

273 **Hénault**, Abrégé chronologique de l'histoire de France, Paris, 1768, 2 vol. gr. in-4 r.—Analyse chronologique de l'histoire universelle, Paris, 1756, gr. in-4 rel.

274 **Henrion**, Histoire de la papauté, Paris, 1832, 3 t. en un vol.— Histoire des principales missions données en France en 1820 et 24, Paris, 1821 2 tomes en un volume.

275 **Henrion**, Histoire de la papauté,—Tableau des congrégations religieuses, Paris, 1832, 4 vol. in-12 br.

276 **Henrion**, Histoire des ordres religieux, Paris, 1831, 3 tomes rel. en 2 in-12 dos de bas.—*Compaing*, De la sainteté et des devoirs des prêtres, Paris, 1747, in-12 br.—Dict. théologique, Paris, 1771, in-8 rel. v.

277 **Hermann**, Grammaire allemande, (ouvrage entièrement neuf), Paris, 1826, in-8 d. rel.— Cours complet de la langue et de la littérature allemande, par de Suckau, Paris, 1845, in-12 d. rel.

278 **Hermo** genis tarsensis philosophis, a Rhetoris, de arte Rhetorica praecepta, Lyon, 1538, suivi de la Rhétorique d'Aristote (texte latin) Lyon, 1545, in-8 br. —*Vallonis*, Lecturæ absolutissima super formalitatibus scoti, etc. Paris, 1585 in-8 rel. vel.—*Barbanson*, Anatomie de l'ame et de ses opérations, Liège, 1635, in-12 rel. vel.

279 **Hespelle**, La seule véritable religion démontrée contre les athées, les déistes et tous les sectaires, Paris, 1774, 2 vol. in-12 rel. v.—*De Marsis*, Discours pour convaincre l'incrédule, ramener le protestant, convertir le pécheur, etc. Paris, 1778, in-12 rel. bas.

280 **Histoire** chronologique des Juifs, Paris, 1759, in-8 rel. v.—Dissertations sur le Messie, où l'on prouve aux juifs que J.-C. est le Messie promis et prédit dans l'ancien Testament, par Jacquelot, Amsterdam, 1752, in-12 rel. v.

281 **Hist.** du Christianisme, son origine et son antiquité, Paris, 1701, 2 vol. in-12.—Apologie des dominicains, Cologne, 1699, in-12 rel. v. —Capucin défendu contre les calomnies du P. Dumoulin, Paris, 1642, in-8 rel.

282 **Hist.** générale de la compagnie de Jésus, avec l'analyse de ses constitutions, 1761, 4 vol. in-12, rel. v.

283 **Hist.** ecclésiastique avec des réflexions de l'abbé Racine, Cologne, 1764, 13 vol. in-4 rel. v.

284 **Hist.** du fanatisme de notre temps, par de Brueys, Paris, 1692, in-12 rel. v.

285 **Hist.** du papisme, Amst., 1685, 2 vol. p. in-12, d. rel. v.

286 **Hist.** de la vie publique de J.-C. tirée des 4 évangélistes, Besançon, 1765, 2 vol. in-12, rel. v.

287 **Hist.** de saint Vincent de Paul, Paris, 1829, in-12 d. rel. — Hist. de la vie et des œuvres de M. Arnaud, 1697, in-12 rel. v.— Vie de sainte Géneviève avec l'éloge de Mme de Miramion, in-12 rel. v.— Hist. de Marguerite de Lorraine, Argentan, 1854, in-12 br. portr. et fig. — Vie et miracles de sainte Philomène, Paris, 1835, in-48 br. portr.

288 **Hist.** des fondations des sœurs carmélites déchaussées, écrite par leur bienheureuse Mère Thérèse de Jésus, Paris, 1616, in-12, rel. maroquin noir.

289 **Hist.** de l'abbaye de Saint-Polycarpe, depuis sa fondation jusqu'à sa destruction, 1719, in-12, rel. v.

290 **Hist.** de l'abbaye princière de la Ste-Chapelle et du pélerinage de N.-D. des Hermites, Einsidlein, 1787.—Heures de N.-D. des Hermites, 1810.

2 vol. in-8 rel. fig.

291 Hist. de la fondation de Rome, augmentée de remarques de Beaumarchais, Rouen, 1740, 2 vol. in-12 rel. v. — Le droit des gens, par de Vattel, Lyon, 1802, 3 vol. in-12 d. rel.

292 Hist. du Monde, de C. Pline second, trad. par Antoine du Pinet, Lyon, 1581, 2 vol. in-f° rel. v. fil.

293 Hist. de la ville de Lille, suivie de Lettres illinoises. Londres, 1772, in-8 cart. — Hist. du stadhoudérat, depuis son origine jusqu'à présent, La Haye, 1750, in-12, rel. v.

294 Hist. chronolog. des empereurs, rel.—Id. des impératrices romaines.—Id. d'Allemagne.—Id. du Nord, rel.—de Pologne et de Russie, 9 v. r. v.

295 Hist. véritable des momiers de Genève. Paris, 1824, in-8 br.—La conversion motivée d'un israélite, par de Lavernéa, Paris, 1842, in-8 d. rel. —Nouv. méthode pour réfuter les prétendus réformés, par Chardan de Lugny, Paris, 1730, in-12 br.—Réfutation du Celse moderne, Lunéville, 1752, in-8 br.— Motifs invincibles pour convaincre les protestants, etc., par J. Lefèvre, Paris, 1682, in-12 rel. v.

296 Hist. de Don Quichotte de la Manche (texte espagnol), Bordeaux, 1815, 4 vol. in-12 br.

297 Hoyer et autres, La religion vengée, ou réfutation des auteurs impies, Paris, 1757. 18 vol. in-12, rel. v.

298 Héxaples (les), ou les six calomnies sur la constitution Unigenitus. Amst., 1721, 7 vol. in-4 rel. v. brun.

299 Iliade di Omero, trad. del car. Vinc. Monti, Milan, 1812, 2 vol. in-8 d. rel. v.—L'Enéide di Virgilio, trad. da Alfieri da Asti, Londres, 1804, 2 vol. in-8 d. rel.

300 Incipit pectorale dominice passionis sive divine amoris, p. in-4, s. d. ni l., goth.

301 Incipit libellus rigimine rusticorum, s d. ni l. sans pag. in-4 goth. avec quelques notes manusc. (rara)

302 Insignes aliquot et utiliss. ad virtutem, etc.— Id. Dialogue de la cupidité du monde. Colonniæ, 1554, in-4 cart.

303 Inst. sur le mariage, ou le Jardin royal de l'enfance, Lyon, 1693, in-8 rel. v.—Œuvres spirituelles du P. Lallemand, Paris, 1737, in-12 rel. v.

304 Inst. pastorales de Noailles et de l'évêque de Grenoble et de Tours, 3 vol. in-4 rel. v.

305 Inst. sur la continence, div. en 2 liv. Paris, 1702, in-12 rel. v.—La confession coupée de l'invention du P. Christophe, p. in-18 rel.

306 Ivernois (F. d') Tableau hist. et polit. des pertes que la révolution et la guerre ont causées au peuple francais, Londres, 1799, in-8 rel. v. fauv. — Histoire véridique des dernières années de Louis XV.— Cosmopolis, 1776, in-12 d. rel. — Vie du dauphin père de Louis XVI, Paris, in-12 rel. bas.—Aux mânes de Louis XV et des grands hommes qui ont vécu sous son règne, aux Deux-Ponts, 1776 in-8 rel. bas.

307 Jansenius. Pantatechus, Paris, 1664, in-4 rel. v.

308 Jaquelot, Dissertations sur l'existence de Dieu, Paris, 1744, 3 vol. in-12 rel. v.—*Hardouin*, De corpore et sanguine domine liber, ratramno. ceû, Bertramo, Paris, 1712, in-8 rel. v.

309 Jaquelot, Traité de la vérité et de l'inspiration des livres du Vieux et du Nouveau Testament, Amst., 1752, 2 vol. in-12 rel. v. — *Lemoine.* Les témoins de la résurrection de J.-C. Paris, 1753, in-12 rel. v.

310 Jarry (abbé) Le ministère évangélique, ou l'éloquence de la chaire, Paris, 1726, in-12 rel. bas. — Modèle d'éloquence, ou traité brillant des orateurs célèbres, Paris, 1789, in-12 rel. v.—*Fénelon*, Dialogue sur l'éloquence, Paris, 1740. in-12 rel. v.

311 Jessé (de) Hist. de N. S. J.-C. et des apôtres, Paris, 1851. 2 vol. in-8 br.

312 Joly de Choin. évêque de Toulon. Instructions sur le rituel. Besançon.

1826. 6 vol. in-8 br.

313 **Journal** des conseils de fabriques, Paris, 1835, onze vol. gr. in-8 rel.

314 **Julii** Cæsaris rerum ad sagestarum commentarie, Paris, 1543, in-f° rel. v.

315 **Justi** lipsi politicorum sive civilis doctrinæ libri sex, Lugd. Batav. 1590, in-8 rel. vel.—Satire du Juvénal latin avec des notes, Amst., 1630, in-12 rel. v. — Estentum nullo vel livi situ ex locatum (auteur inconnu) Lyon, sans date, in-12 rel. v. —La Pharsale de Lucain, ou les guerres civiles en vers français. Paris, 1676, in-12 rel.

316 **Justini** (sancti) opera, Paris, 1615, in-f°, d. rel.

317 **La Colombière**, Sermons pour l'Avent, le Carême et les fêtes de l'année, Lyon, 1689, 5 vol. in-8 rel.

318 **Lachétardie**, curé de Saint-Sulpice, 24 homélies sur divers sujets évangéliques, Paris, 1606, 2 vol. in-4 rel. v.

319 **Lafitau**. La vie de Clément XI, Padoue, 1752, in-12 rel. — Traité historique de l'établissement et des prérogatives de l'église de Rome, Paris, 1685, in-12, rel. v.—Histoire du pontificat de Léon-le-Grand, par Mainbourg, 1687, 2 vol. in-12 rel. v.

320 **La Flotte** (de) Traits historiques sur l'Inde, Paris, 1769, in-12 br. — *Duchesne*, Histoire d'Espagne, Paris, 1744, in-12 rel. v.— Découverte des Indes occidentales par les Espagnols, écrite par de *Las Casas*, Paris, 1697, in-douze rel. v.—Histoire de St-Germain-l'Auxerrois, par *Lefeuve*, in-dix-huit br.

321 **Laharpe**, Du fanatisme dans la langue révolutionnaire, Paris, 1797 in-8. —Dict. des protées modernes, suivi de la biographie conventionnelle, Paris, 1845, in-douze d. rel.

322 **La Luzerne**, Œuvres diverses, 6 vol. in-12 rel. et br.

323 **La Mennais**, Tradition de l'Eglise sur l'institution des évêques. Liège, 1814, 3 vol. in-8 br. (non coupés),

324 **La Mennais**, Paroles d'un croyant. Paris, 1834, in-18 br.—Réponses d'un chrétien aux paroles d'un croyant. Bruxelles, 1834, in-dix-huit br.— Paroles d'un voyant. Paris, 1849, in-dix-huit br.— Ce que pensent d'un croyant ceux qui croient à ses paroles et ceux qui n'y croient pas. Paris, 1834, in-8. br.— Paroles d'un catholique, par l'abbé Vidal. Paris, 1834, in-8 br. — Paroles d'un voyant en réponse aux paroles d'un croyant, par Chaho. Paris, 1834, in-8 br.

325 **Lambert** (J.-L.) Instructions courtes et familières sur les évangiles et sur les commandements de Dieu et de l'Eglise. Paris, 1754, 2 vol. in-douze rel. v.— Les ordinations des Saints, par le même. Paris, 1722, in-douze rel. v.

326 **Lancelot** Corpus juris canonici. Lyon, 1606, in-4 rel. vel.

327 **Lancellotti** Les impostures des historiens profanes découvertes et les faits merveilleux de l'histoire ancienne conciliés avec la vérité. Paris, 1782, 2 vol. in-12 rel.

328 **La perpétuité** de la foi de l'Eglise catholique défendue contre Claude, ministre de Charenton. Paris, 1669 in-8 rel. v.

329 **Larcher** Calendrier perpétuel et universel. Paris, 1747, in-12 rel.—Prophéties perpétuelles, très-curieuses et très-certaines de Thomas-Joseph Moult, astronome et philosophe. Paris, in-12 rel.

330 **Lartigue** Exposition du système des vents. Paris, 1840, in-8 br.

331 **Lassance** Exp. du catéchisme à l'usage de toutes les églises de l'empire français. Paris 1840, in-12 d.-rel.

332 **Launay** (J.) De varia aristotelis in academia Parisiensi fortuna, etc. Paris. 1662, in-8 rel. v.—Ibid. de auctoritate ne gantis argumenti dissertatio, etc. Paris, 1662, in-8 rel. v.

333 **Laurent** et Schnüffüs. Traité de la sottise humaine 1699 (texte allemand) in-12 rel. vel. grand nombre de gravures.

334 **La vérité** rendue sensible à Louis XVI. Londres, 1782, 2 t. rel. v. en
1 vol. — Dernières années du règne et de la vie de Louis XVI, par St-
Hue. Paris, impr. royale, 1814, in-8, d. rel. (portrait).

335 **Leballeur** La religion révélée, défendue contre les ennemis qui l'ont
attaquée. Paris, 1757, 5 vol. in-12 br.

336 **Le dix** décembre, Journal de l'ordre, depuis son commencement, le 15
avril 1849, jusqu'au 31 juillet 1850, 2 vol. gr. in-f° d.-rel. (fraiche).

337 **L'enfant** Histoire du Concile de Constance. Amsterd., 1714, portr. in-4
rel. v.

338 **Lejeune** Le missionnaire de l'oratoire, sermons sur toutes sortes de sujets. 8 vol. in-8 rel.

339 **Législation** du divorce. Londres, 1769, in-12 br.—Traité de l'adultère et
des enfants adultérins, par Bedel. avocat, Paris, 1826, in-8 d.-rel.—
Considérations sur la France, par le comte de Maistre. Lyon, 1845.

340 **Legros** Ste Bible traduite sur les textes originaux avec la différence de la
Vulgate. Cologne, 1753, 6 vol. in-12 rel. bas.

341 **Léonard** Gallois, Hist. de l'inquisition d'Espagne. Paris, 1824, in-8 br.—
Hist. des inquisitions. Cologne, 1759, 2 vol. in-12 rel. v. fig.

342 **Lequeux** Institutiones philosophicæ ad usum seminarii. Paris, 1847, 4
vol. in-12 br.— *Bouvier* Institutiones philosophicæ ad usum seminario-
rum collegiorum. Paris, 1838, 3 vol. in-12 cart. rel. en un.

343 **Lequeux,** Manuele compendium juris canonici. Paris, 1843, 4 v. in-12 b.

344 **Loquet** *Cruzamante* ou la Ste amante de la Croix. Paris, 1786, in-12 r.
bas—Dom Jamin Plascide à Scolastique, sur la manière de se conduire
dans le monde. Paris, 1775 in-12 br.— La consolation du chrétien, par
Roissard, Paris 1777 in-12 rel.

345 **L'Esclache** (de) Des fondements de la religion chrétienne, dialogue entre
Timante, Polycrate et Philochriste. Paris, 1664.—Histoire des plus fa-
meux hérésiarques qui on paru en Europe depuis 1040. Rouen, 1700, 2
vol. in-12 rel. y.

346 **Letellier** de Bellefons, Sermons pour les 3 derniers jours du carnaval.
Lyon, 1695, in-8 rel. v. — *Texier,* L'impie malheureux ou les 3 malé-
dictions du pécheur ; sermons pour l'Avent. Paris, 1678, in-8 rel. v.

347 **Le Tourneur** Vue de l'évidence de la religion chrét. Paris , 1769 , in-8
rel. v. f.—*Duvoisin*, Démonst. évang. Paris, 1821, 2 vol. in-12 r. b.—
Giraud Les catéchèses d'un pasteur à ses enfants. Paris, 1822, in-12 br.

348 **Lettres** de la solitaire des rochers avec les réponses du R. P. Luc de
Bruy, son directeur, avec un abrégé de sa vie (manuscrit parf. exéc.)
rel. en 2 vol. in-8 rel. v.

349 **Lettres** de St François de Sales, avec ses opuscules. Paris, 1847, 4 vol.
in-8 rel. bas. (port. et fasc.)

350 **Lettres** Ne repugnate vertro bono, et hanc spem, dum ad verum pervinc-
tis, alite in animis. Londres, 1750, gr. in-8 rel. v.

351 **Lettres** de Ste Marthe, Rouen, 1709, 2 vol. in-12 rel. v.—Tout se dira,
ou l'esprit des magistrats destructeurs, Amster., 1764, in-12 rel. bas.

352 **Lingend,** Sermons (latins), Paris, 1661, 2 vol. in-4, rel. bas.

353 **Livres** (les trois) des louanges divines, ital.-franç., du cardinal Frédéric
Borromée du titre de Ste-Marie-des-Anges , Paris, 1724. in-8 rel. v.—
Exercices spirituels de saint Ignace, traduits par l'abbé Clément, Paris,
1769, in-12 rel. v.

354 **Livre** d'Eglise latin-français, suivant les nouveaux bréviaire et missel de
Paris, 1777 (avec le Carème chrétien) 6 vol. in-12 rel. maroq.

355 **Loiseleur-Deslongchamps,** La rose, son histoire , sa culture , Paris, Au-
dot, 1844. in-12 br.—*Pecres,* La basse-cour, poule, canard, etc. Paris,
in-12 br.

356 **Lourdoueix,** Les folies du siècle, roman philosophique, Paris, 1818, in-
8 d. rel. (gr. nombre de curieuses figures). — Voyage dans les treize

cantons suisses, par Robert, géographe. Paris, 1789, 2 vol. in-8 rel. v. fil.

357 **Lucas Niecamp**, Histoire de la mission danoise dans les Indes orientales, Genève, 1745, 3 vol. in-8

358 **Macaire**. Abrégé chronologique de l'histoire ecclésiastique. Paris, 1768, 3 vol. in-8 rel. v.

359 **Machet**, La religion constatée universellement à l'aide des sciences et de l'érudition modernes. Paris, 1833, 2 vol. in-8 br.

360 **Maçonnerie** (la), poème en trois chants avec des notes historiques, ouvrage orné de gravures. Paris, 1820, in-8 br.

361 **Macrobii**. In somnium Scipionis, libri duo : et septem eiusdem saturnaliorum. 1526, in-f° goth. (tit. gr.) rel.

362 **Mayneau**, Le génie du sacerdoce, ou la gloire des bons prêtres, Paris, 1829, in-8.—*Ménétrier*, Génie de l'Eglise en politique, Paris, 1854, in-8 br.

363 **Maistre** (de). Restauration de la société morale par le Christianisme, Paris, 1849, in-12 br.

364 **Maimbourg**. Histoire de l'arianisme et des sociniens. Paris, 1673, 2 vol. in-4 rel. v.

365 **Mainbourg**, Histoire du pontificat de St-Grégoire-le-Grand. Paris, 1686, in-4 rel. v.

366 **Maldonat**. La somme des quatre consciences, Rouen, 1644, in-12 rel. v. —Les Proverbes de Salomon, par Guillebert. Rouen, 1633, in-8 rel. v. lig.

367 **Manuel** des cérémonies romaines, tiré des livres les plus authentiques. Avignon, 1840, 2 vol in-12 rel.

368 **Manuel** d'Epictète, etc., etc., traduit par Dacier, Paris, 1776, 2 vol. in-12 rel. v.—*Formey*, Mélanges philosophiques. Leyde, 1754, 2 vol. in-12 rel. v.

369 **Manuel** des ames pieuses, Paris, 1839, in-12 rel. bas. gauf.—Instruction sur le manuel de Beuvelet. Lyon, 1777, in-12 rel. v.—Manuel du chrétien, contenant les Psaumes, le Nouveau Testament et l'Imitation de J.-C. Paris, 1771, in-18 rel bas.

370 **Manjez**, Tableaux, statues, bas-reliefs et camées de la galerie de Florence et du palais Pitti. Paris, 1789, grand in-f° cart.

371 **Mangin**, Introduction au saint ministère, ou manière de s'acquitter dignement de toutes les fonctions de l'état ecclésiastique. Caen, 1781, 12 vol. in-12 rel. v. fauv.

372 **Marchal** (Charles), Sur la famille d'Orléans. Paris, 1848, in-8.— Autres pièces : Maria, Stella, etc. d. rel. v.

373 **Marci** Fabii Quinctiliani de oratoria institutione libri xii. Paris, 1725, in-f° rel. v. fauv.

374 **Marguéré**, Poème macaronique en forme de déclaration de guerre, à tous méchants payeurs et gens de mauvaise foi, Paris, 1783, in-8 rel. v.—Essai de poésies fugitives, par D. Amsterdam, 1771, in-8 rel. v.—Satires de M. C. Amsterdam, 1786, in-8 rel. v. fil.

375 **Mariale** eximini Viri Bernardini de Busti ordinis seraphici Francii (plus de cent sermons, latin-goth., sur la sainte Vierge, in-f° rel. bas.

376 **Marin**, Le baron Van Hesden, ou la république des incrédules. Toulouse, 1762, 5 vol. in-12, rel. v.

377 **Morin**. Aguez de St-Amour, ou la fervente novice. Avignon, 1761, 2 vol. in-12 rel. v.—La marquise de Las Valiente, ou la dame chrétienne, par le même auteur. Avignon, 1765, 2 vol. in-12 rel. v.

378 **Marot** (Clément) et Th^re de Bèze. Les psaumes de David mis en rimes françaises. Charenton, 1681, in-12 rel. v. — *Theod. Beze*. Poemata psalmi Davidici, in-12 rel. bas.

379 **Martin** (Guillaume de Saint). Sermons pour tous les jours de l'Avent.

Paris, 1685, in-8 rel. v.—Sermons de Labbey de Billy. Besançon, 1817, in-8 d. rel. v.—Le Prédicateur. Paris, 1638, in-8 rel. vel.—Le Prédicateur, ou examen de ce qu'il doit être et de ce qu'il doit dire, par l'abbé Morel. Paris, 1837, in-12 br.

380 **Martinet**, auteur de Platon-Polichinelle, Solution de grands problèmes. Paris, 1847, 4 vol. in-8 br.

381 **Martino Becano**. Summa theologiæ scolasticæ. Paris, 1525, in-8 rel.

382 **Massillon**, Sermons. Paris, 1775, 13 vol. in-12 b.

383 **Massillon**, Sermons. Senlis, 1825, 14 vol. in-18.

384 **Méditations** sur la concorde de l'Evangile, avec les textes des quatre évangélistes. Paris, 1730, 3 vol. in-12 rel. v.

385 **Méditations** religieuses et prophétiques sur la fin des temps. Toulouse, 1840, in-8 d. rel.— Morceaux choisis des prophètes, par l'abbé Champion de Nilon, Lyon, 1828, 2 vol. in-12 rel. bas.

386 **Melchior Inchofer**. La monarchie des Solipses. Amsterdam, 1754, in-12 rel. v., avec 30 vol. divers ouvrages de ce genre, rel. v.

387 **Mémoires** de M. Belval, Paris, 1829.— Pensées de Pascal. Les deux ouvrages rel. en un vol. in-12. — *Caillot*, Beautés des lettres édifiantes anciennes et nouvelles. Paris, 1836 in-12 bas. — Histoire choisie de l'Ancien Testament, in-12 rel. v.—La morale en action. Tours, 1853, in-12 rel. bas.

388 **Mémoire** sur une question d'adultère, de séduction et de diffamation, pour le sieur Kormann, contre la dame Kormann, son épouse, les sieurs Daud et de Jossan, Caron, de Beaumarchais et Lenoir, 1787, in-8 rel. bas.

389 **Mémoire** concernant l'institut, la doctrine et l'établissement des jésuites en France. Rennes, 1762, in-12 rel. bas.—Constitution de la société de Jésus (latin), Rome, 1570, in-8 d. rel. — Constitution du monastère de Port-Royal. Paris, 1721, in-18 rel. v.

390 **Mémoires** (nouv.) des missions de la comp. de Jésus dans le Levant. Paris, 1715, 2 vol. in-12 rel. v.—Mémoires sur l'état actuel de la Chine, par le P. Louis Lecomte. Paris, 1697, 2 vol. in-12 rel. v.

391 **Menchi-d'Arville**. L'Annuaire de Marie. Paris, 1838, 2 vol. in-12 br.— *Eliazzera*, Les veillées de saint Augustin, Avignon, 1803, in-12 br.

392 **Mesnard**, Catéchisme de Nantes. Nantes. 1722, in-12 rel. v.— Idem de Naples, ou institution chrét. Naples, 1779, 3 vol. in-12. rel v.

393 **Méthode**, dite de Port-Royal, pour app. facil. la langue latine. Paris, 1761, in-8 rel. v.

394 **Mézeray**, Abrégé chronologique de l'histoire de France. Amsterdam, 1668, 6 vol. p. in-12 rel. v. fig.— Cayx et Poirson. Précis de l'histoire de France. Paris, in-8 d. rel.

395 **Milton** (le Paradis perdu, de), avec les remarques de M. Addisson. Paris, 1782, 3 vol. in-12 rel. bas. — *Thomas Moore*. Lalla Bouk, ou la Princesse mogole, histoire orientale. Paris, 1820, 2 tomes rel. en un vol. in-12 v.

396 **Missale** romanum. Paris, 1634, in-8 rel. v.—Bréviaire monastique à l'usage des religieuses bénédictines, un vol. in-8 d. rel. maroq. noir.

397 **Morale** de l'Evangile, ou pensées chrétiennes sur le texte des 4 évangélistes. Paris, 1687, vol. in-12 rel. maroq. noir tr. dor.

398 **Morel**, bénédictin. Effusion de cœur, ou entretien spirituel et affectif avec Dieu. Paris, 1739, 5 vol. in-12 rel. v.

399 **Moréri**. Le grand dict. historiq., ou le mélange curieux de l'hist. sacrée et profane. Paris, 1740, 6 vol. in-fº rel. v.

400 **Molinier**, Sermons choisis. — La Boissière, Sermons sur l'Avent et le Carême. 10 vol. in-12 rel. v.

401 **Molinier**, Les politiques chrétiennes. Paris, 1627, in-8 piq. et mouil.— Pensées théologiques, par Dom Jamin. Paris, 1769, in-12 rel. vel. —

Prières de l'Ecriture Sainte, Paris, 1688, in-12 rel. v. — Prières chrétiennes en forme de méditations, Paris, 1743, in-12 rel. v. — Secours
spirituels, par Blanchard, Paris, 1722, in-12 rel. bas.

402 **Montbran** (de), Essais sur la littérature des Hébreux, Paris, 1819, 1 vol.
in-12 br.

403 **Mont-Flevri**, Le Gentil-Homme de Bavee, comédie, Paris, 1670, in-12
rel. vel. — Institution chrétienne, avec d'autres ouvrages de piété, en
vers français, par Rahovlt, Paris 1675, in-12 rel. vel.— Poésies de Madame Deshouillières. Paris, 1688, in-8 rel. v.— Œuvres nicliés de Madame La Grange, La Haye, 1724, in-12 rel. v.

404 **Montgardon**, Histoire de l'institution de la fête du Saint-Sacrement avec
des méditations, Paris, 1853, in-12 rel. v.—Manuel de dévotion envers
N. S. J.-Ch. au Saint-Sacrement de l'Autel, Rouen, 1742,—Manuel des
Confréries du Saint-Sacrement, Mons, 1769, in-12 rel. bas.

405 **Monti**, Le 21 janvier 1793, poème en 4 chants, traduit de l'italien, par
Joseph Martin, Paris, 1717, in-8, br.

406 **Montreuil** (de), Vie de sainte Zète servante du XIII° siècle, Paris, 1843,
in-8 br.— Manuels d'instructions et de prières à l'usage de l'archi-con-
frérie de Notre-Dame du calvaire, par Desgenettes, Paris, 1841, in-12
broché.

407 **Montesquieu**, L'esprit des lois, Genève, 1751, 3 vol. in-12 rel v.—*Ber-
thelot*, Eléments du droit civil romain, Paris, 1842, 4 tomes. rel. en 2
vol. bas. — Justiniani, impérat. institutionum, libri quatuor, Toulouse,
1775, in-24 rel. bas.

408 **Mourgens**, Traité de la poésie française, Paris, 1754, in-12 rel v.—Choix
de poésies morales et chrétiennes, depuis Malherbe jusqu'à nos jours,
Paris, 1739, 3 vol. in-12 rel. v.

409 **Moyens** de salut, ou exercices de piété très-utiles pour vivre en bon
chrétien, avec la dévotion à la très-sainte Vierge, dans la récitation du
Rosaire, suivi de cantiques spirituels pour servir de supplément, Paris,
1755, 3 vol. in-12 rel. v.

410 **Nadal**, Hist. géologique, ou vie des Saints et des Bienheureux du diocèse
de Valence, 1855, in-8 br.

411 **Natalis** comitis mythologiæ sive explicationis fabularum libri decem, Paris, 1605, in-8 vel.

412 **Nault**, Vérité catholique, ou vue-gén. de la religion, Paris, 1839. —Ré-
demption du genre-humain, par Henrion, Paris, 1827, 2 volumes in-
8 brochés.

413 **Navarin**, Anatomia spiritualis, Vérone, 1647. in-12 rel.

414 **Nacatène** (G.), Le palmier céleste, Anvers, 1764, in-8 rel. v.—*Le Tourneur*, Méditations d'*Hervey*, Paris, 1784, in-12 rel. bas.—Modèle d'une
sainte et parfaite communion, traduction de Balthasar Graciau, Paris,
1693, in-12 rel. v.

415 **Nécrologe** des plus célèbres défenseurs et confesseurs de la vérité du
18e siècle, 1760, 3 vol. in-12 cart.

416 **Nepve**, Pensées, ou réflexions chrétiennes pour tous les jours de l'année,
Paris, 1721, 1 vol. in-12 rel. v.

417 **Nonnotte**, Les erreurs de Voltaire, avec supplément, ou traité sur la tolérance, Lyon, 1770, 3 vol. in-12 rel. v.

418 **Nilely**, Itinéraire de Rome et ses environs d'après celui de Von, Rome,
1834, 2 vol. in-8 br. enr. fig.

419 **Nicole** (Œuvres de), 24 t. in-18 rel. en 29 vol.

420 **Nicole**, Géneviève et le roi payen, ou l'établissement du christianisme
dans les Gaules, Paris, 1841, in-8 d.-rel.—*Ponchon*. L'agonie du genre-
humain. Lyon, 1837, in-8, d.-rel.

421 **Nicole**. Essais de morale, 25 vol. in-12 rel. v. (rappareillés).

422 **Niel**. La voix du salut. Paris, 1811. in-12 br.

423 **Nieuwentyt**, Existence de Dieu démontrée par les merveilles de la nature, Paris, 1725, in-4 fig.

424 **Nic. Toinard**, Evangelorum harmonia græc-latina, Paris, 1707, grand in-f° rel. v. fauve.

425 **Nouv. Testament** de N. S. J.-Ch., Paris (Didot). 1813, grand in-8, rel. bas.— Epîtres et évangiles, avec les explications pour toute l'année, Paris, 1737, 5 vol, in-12 rel. bas. — Concordance des principes et de la doctrine de St Paul. Rome, in-12 rel. v. fil.

426 **Nouv. Testament** (le) de N. S. J.-C., concord., ou citations de l'Ecriture Sainte, Paris, 1735, in-8 rel. v. —Com. littér. sur le Nouv. Testam. par le P. Decarrière, Paris, 1745, in-12, rel. maroq. noir.

427 **Observations** sur les ombres coloriées, par H. S. T., Paris, 1782, in-12, d.-rel.

428 **Œuvres** diverses de M. *Thomas*. in-12 rel. v. fil. — Œuvres de *Gresset*, Rouen, 1782, 2 tomes rel. en un vol. bas. — Art poétique de Boileau, suivi de ses satyres. Lyon, 1805, in-12 d.-rel.—L'Arabie, par *Barbier*, Paris, 1832, in-8 br.

429 **Offices** des fêtes de la sainte Vierge, écrits et notés à la main, avec caractères rouges et noirs, embellis de fleurons, le tout bien exécuté pet. in-8 cartonné.

430 **Office** de saint Jacques le majeur, Paris, 1754, in-12 relié maroq. vert, petit fer.

431 **Offices** propres et particuliers des églises de Paris, savoir : de Saint-Roch, de Saint-Jacques-la-Boucherie, de Saint-André-des-Arts, de Saint-Germain-l'Auxerrois, de saint-Benoit, etc., etc., etc. 23 vol. in-12 rel.

432 **Office** de la Sainte Vierge, latin et français, avec des instructions dédiées à madame la Dauphine (gros caractères), Paris, 1697, in-8 rel. maroq. rouge.—Office de la Semaine Sainte, corrigé par le commandement du roi selon le bréviaire et missel de Notre Saint-Père le Pape, Paris, 1787, in-8 rel. maroq. aux armes, avec grav.

433 **Œuvres** du P. La-Berthouye, de l'ordre de saint Dominique, Paris, 1777, 3 vol. in-12 rel. v. —Traité de la vérité de la religion, trad. de Grotius, Paris, 1754, in-12 rel. bas.

434 **Œuvres** du philosophe de Sans-Souci, Potzdam, 1760, in-12 rel.— Sentiments des Jésuites, touchant le péché philosophique. Paris, 1690, in-12 rel. v.

435 **Œuvres** spirituelles de Mme Combes, Paris, 1778, in-12 rel.

436 **Opera petri** blessensis Bathoniensis, condam in anglia archidiaconi, studio, J. Husae, soc. Jesu, Magientiæ, 1600, in-4 rel. vel.

437 **Oporino**, Commentatiæ theologica de formitate ac inspiratione divina demonstrationis novi ex vetere testamentis evangelicæ, Goettinguæ, 1740, in-4 rel bas,

438 **Opstraet**, Le Bon-Pasteur, Rouen, 1702, 2 vol. rel. v,

439 **Opus tripextitû** de preptis, de confessione, de scientiæ mortis, a M. Johanne de Gersono, S. D. N. L. in-4, goth.

440 **Opusculatria** De deo quo ad opera prædestinationis reprobationis et gratiæ actualis, Rouen, 1705, in-4 rel. v.

441 **Oracle** (l') des nouveaux philosophes, Rouen, 1760, 2 vol. in-12 rel. bas. —Appel à la raison des écrits et libelles publiés par la passion, Brux., 1762, in-12 rel. v.

442 **Oracle** des nouveaux philosophes, suivi du catéchisme et décisions de cas de conscience à l'usage des Cacouacs, Berne, 1759, in-12 rel. v. — Voltaire parmi les ombres, Genève, 1776, in-12 rel. v.

443 **O'Reilly**, Histoire de la ville et de l'arrondissement de Bazoas, 1840, in-8 br. — *Perrot*, Histoire des antiquités de la ville de Nismes et de ses environs, Nismes 1820, in-8 br.— Histoire de la ville de Honfleur, 1834, in-12 br.— Histoire et origine de l'église de Lacq. Bruxelles. 1791. in-

12 broché.

444 Origine de la Maçonnerie adonhiramite. Helyopolis. 1787, in-8 rel. bas.
—Manuel du franc-maçon, par Bazot. Paris, 1811, in-12 d.-rel.— Origine, progrès et décadance de l'idolâtrie, Paris 1757, in-12 br.

445 Orsini, Histoire de la Vierge Mère de Dieu, Paris, 1837, in-8 d.-rel. — Vita Christi et concordia evangelistarum auct. Dutour, Mayence, 1784, in-8 rel. bas.

446 Outreman, Le pédagogue chrétien, Lyon, 1654, in-8, rel. vel.—Leprince, Paris, 1642, in-8 rel. vel.

447 Ova paschalia sacra emblemate inscripta descriptaq. a Georgio Stengelio societatis Jesu, 1672. in-8 fig. en formes d'œufs.

448 Para du Phanjas. Eléments de métaphysique sacrée et profane, Paris, 1780, in-8 rel. bas. — *Antonii-le-Grand,* Historio sacra a mundi exordia ad Constanti magni imperiorum, deducta, Londres, 1685, in-8 rel. v.

449 Paley (William), La vérité de l'histoire de saint Paul, avec les actes des apôtres, Paris, 1821, in-8 br.

450 Papin. Recueil des ouvrages composés en faveur de la religion contre les hérétiques, Paris. 1723, 3 vol. in-12, rel. v.

451 Paul-Louis Courier. Collection complète des pamphlets politiques et opuscules littéraires. 1827, in-8 br.

452 Pontas (J.) Dict des cas de conscience. Paris, 1740. 3 vol. in-f° rel. v.

453 Pédagogue (le) des familles chrét. Paris, 1675, in-8 rel v.—*Outremann,* Le Pédagogue chrétien. Lyon, 1715, in-12 rel. v.—Bouquet de mission, in-12 rel v.

454 Pellegrin. Hist. de l'Ancien et du Nouveau Testament, avec les fruits qu'on en doit tirer, le tout mis en cantiques sardes, airs choisis. Paris, 1743, 4 vol. in-8 rel. v.

455 Pensées philosophiques. morales et politiques, ouvrage de main de maître. Nancy, 1768. in-12 rel. v.

456 Pensées de Pascal. rétablies suivant le plan de l'auteur. Dijon, 1835, in-8 br.

457 Pensées évangéliques pour chaque jour de l'année. Paris, 1747, in-12 rel. v.—Pensées et prières tirées de l'Ecriture, des Pères, etc.— L'Imitation de J.-C. Nimes, 1820, in-12, rel. bas —Principes de la pénitence et de la conversion, ou vie des pénitents. Paris. 1766, 2 tomes in-12 rel. v.

458 Pensées de Pascal sur la religion. Paris (Lefèvre), 1847, in-12 br. — Pensées d'un bon roi, Paris, 1825, in-12 br. — Pensées de Humbert, Paris, 1768. in-12 rel. v.

459 Perron (Cardinal Du) Réfutation de toutes les objections tirées des passages de saint Augustin, alléguées gar les hérétiques contre la sainte Eucharistie, p. in-f° d. rel. (manque le titre).

460 Pétau (Denis) Rationarium Temporum. Paris, 1834, p. in-8 rel. v.

461 Pététy (De). Bibliothèque des artistes et des amateurs, etc. Paris, 1766, 3 vol. in-4 rel. v. fig.

462 Petri Suavis Polani, Historiæ concilij tridentini libri octo. 1620, in-f° rel. v.

463 Pezron. Histoire évangélique, confirmée par la judaïque et la romaine. Paris, 1696, 2 vol in-12 rel. v.—L'Evangile des chrétiens, Paris, 1732, in-12 rel. bas.—Le jour évangélique. Paris, 1700, in-12 rel. v.

464 Pfaffius. Dissertio Polonniæ de successione ejus copoli, etc., etc. Turin, 1720, in-4 rel. v.

465 Physique des corps animés, Paris, 1755. in-12 rel. v.

466 Piétri (De) De l'existence de Dieu et de l'immortalité de l'ame. Paris, 1842, in-8 br. — *Chambord,* L'univers expliqué pour la révélation, ou philosophie positive. Paris, 1841, in-8 br.—Recherches philosophiques sur le Christianisme, par Bonnet. Genève. 1770. in-8 br.—Phédon, par

M. Mendels-Shon. Amsterd., 1773, in-8 br. fig.

467 **Pélerins** (les), ou voyage allégorique à Jérusalem. Falaise, 1807, in-12 br. — Description historique du royame de Macaoar. Ratisbonne, 1700, in-12, rel. v.

468 **Pluche.** Harmonie des Psaumes et de l'Evangile, avec des notes. Paris, 1764, in-12 rel. v.—Les Psaumes expliqués dans le sens propre et rapportés à J.-C. Paris, 1766, in-12 rel. v.—Psaumes en forme de prières, in-12 rel. v. — Les Psaumes de David traduits en français, selon l'hébreu Paris, 1734, in-18 rel. v. tr. dorée.

469 **Plutarchi** Chaeronensis omnium quae exitant operum. Paris, 1624, 2 vol. in-f° d. rel

470 **Poésies** complètes d'Alfred de Musset, Paris (Charpentier) 1843, in-12 br.—Poésies complètes de Mme Louise Colet. Paris, 1847, in-12 br.

471 **Pontas.** Sacra scriptura ubique sibi Constans. Paris, 1698 in-4 rel. v.

472 **Pontas.** Sacra scriptura ubique sibi Constans, seu difficilio res S. scripturæ Loci. Paris, 1698, rel. v.

473 **Pontenelle.** Entretiens sur la pluralité des mondes. Dijon, an 2 de la république, jolie éd. avec portrait, in-12 cart. — *Fénelon.* Œuvres philosophiques, Existence de Dieu, etc. Paris, 1786, in-12 rel. bas.—*Trocard.* Prisme philosophique, moral, religieux et politique. Paris, 1850, in-12 br.

474 **Porta** (J.-B.) Magiæ naturalis sive de miraculis, etc. Anvers, 1561, in-12 d. rel.—Leçons théoriques et pratiques du livre de Thot. 1787, in-12 br. fig.

475 **Prichard.** Aphorismes de controverses tirés de l'Ecriture, des conciles et des Pères. Cologne, 1687, in-12 rel. v.—Le tombeau et les controverses, ou le royal accord de la paix avec la piété. Leiden, 1673, in-18 rel. v.

476 **Procès** de l'avenir. Paris, 1831, in-8 d. rel. — Procès de l'école libre, Paris, 1831, in-8 br.—Des progrès de la révolution et de la guerre contre l'Eglise, par Lamennais. Paris, 1829.

477 **Question** de savoir si un juif, marié dans sa religion, peut se remarier après son baptème, lorsque sa femme juive refuse de le suivre et d'habiter avec lui. Amsterdam, 1761, in-12 rel. v.

478 **Quintiliani** oratoris eloquentis, de instit. libri XII. Paris, 1549, in-f° rel. v.

479 **Racine,** Abrégé de l'histoire de Port-Royal. Vienne, 1770, in-12 rel. v. —La constitution Unigenitus, avec des remarques, 1743, in-12 rel. v.

480 **Raynal,** Histoire philosophique et politique des Européens dans les deux Indes. 7 vol. in-8 rel. v. fig.

481 **Réalités** des figures de la Bible, par une ex-victime de la tyrannie antisociale. Paris, 1797, in-8 rel. bas.

482 **Recherches** sur le bonheur, Amsterd., 1776, in-12 rel. v. — Apologie pour l'église catholique, par le sieur Vigne, ci-devant ministre protestant. Paris, 1686, in-12 rel. v.—Les prédicateurs des familles, par Danglars. Rouen, 1836, in-18 cart. fig. — Elévations et prières, par Louis doueix. Paris, 1847, in-12 d. rel.

483 **Recueil** de 500 cantiques sur les plus beaux airs. Amiens, 1847 in-8 d. rel. — Recueil de cantiques à l'usage de l'église Ste-Géneviève. Paris, 1825, in-12, d. rel.—Choix de cantiques, avec la musique, in-8 rel. bas. —Cantiques de St-Sulpice, 1843, in-48 rel. bas.

484 **Recueil** de poésies latines d'un grand nombre de divers auteurs sur différents sujets, gros caractère, lettres majuscules coloriées, in-f° rel v (manq. les 18 premières pag. sans préjudicier les auteurs suivants.)

485 **Recueil.** Beaumien, rel. bénédictin, histor., chronol. et topog. des archevéchez, évêchez, abbayes et prieurez de France, tant d'hommes que de filles, etc. etc. Paris, 1726, 2 vol. in-4 rel. v.

486 **Recueils** de pièces historiques, politiques, scientifiques et religieuses.

36 vol. in-8 d. rel *(Ce n° pourra être divisé.)*

487 Recueils de 82 thèses scientifiques, et médicales des plus célèbres auteurs enrichies de leur signature authographe, rel. en 4 vol. in-4.

488 Recueil des lettres de Mme la marquise de Sévigné. Paris, 1737, 6 vol. in-12, rel. v. portr.—Hist. de l'admirable Dom Inigo de Guipuscoa, par Hercule Rasiel. La Haye, 1638, 2 vol. in-12 rel. v.

489 Recueil d'édits du roi. Paris (imp. royale), 1653, in-4 vel.

490 Recueil histor. des bulles, constitutions, brefs et décrets et autres actes contenant les erreurs des deux derniers siècles, 5e édit. Mons, 1710, in-8 rel, v.

491 Règle de St Augustin (manuscrite), 1787, in-12 rel. v.—Statuta sacri et canonici premanst. ordinis. Paris, 1773, in-12 rel. v. — *Thuillier*, Dissertatio de potestate correctorum localium ord. minim. S. Fr. de Paula, Paris, 1697, in-12 rel. v.

492 Règle de conduite pour les curés, tirée de saint Jean-Chrisostôme et enseignée par saint Augustin. Paris, 1684, in-8 rel. v.

493 Regnier-Desmarais, Histoire générale des démélez de la cour de France avec la cour de Rome, au sujet de l'affaire des Corses. 1707, in-4 rel. v.

494 Regula fratrum B. V. M. de monte carmeli, in-12 rel. v. — Réglement pour les religieuses de Ste-Ursule. Paris, 1652, in-12 rel. vel.

495 Relation véritable et remarquable du grand voyage du pape en paradis et en enfer. Paris, 1791, in-18 b.•

496 Religion (la) chrétienne méditee dans le véritable esprit de ses maximes. Paris, 1745, 6 vol. in-12 rel. v.

497 Résumé sur la question du divorce, suivi des opinions et lettres de divers auteurs. Paris, 1804, in-8 rel.

498 Richard, Descript. hist. et crit. de l'Italie. Dijon, 1766, 6 vol. in-12 rel. v. fil.—Les délices de l'Italie. Paris, 1707, 4 vol. in-12 rel. v., remplis de figures.

499 Ribadeneira. Illustrium scriptorum religionis. Lyon, 1609, in-8 rel. v.—Sancti Augustini doctrinæ christianæ. Paris, 1677, in-8 rel. v. — *Receveur*, Tractatus de justitia et contractibus. Paris, 1830, in-8 d. rel —*Duroisin*, Démonstration évangélique. Paris, 1826, in-18 br.

500 Riché (Edmond), Histoire générale des conciles (latin). Cologne, 1680, in-4, rel. v.

501 Rituel du diocèse de Belley, pub. par Mgr Devie, Lyon, 1838.—Le Manuel des connaissances utiles aux ecclésiastiques, 4 vol. in-12 br.

502 Rituale metense, Metz, 1713, in-4 rel, v. — Statuts du diocèse de Bordeaux, 1836, in-8 br.—Précis historique des opinions et actes du clergé contre la puissance temporelle, Paris, 1812, in-8 br. — Manuale episcoporum ad visitandas pariochias, Paris, 1694, in-12 rel. v.

503 Rodriguez, Relat. hist. de ce qui s'est passé à la mémorable époque de la déchéance de Buonaparte, Paris, 1814, in-8 d.-rel. portr. et cartes.

504 Rollin, Abrégé de l'histoire romaine, par Caillot, Paris, 1827, in-12 rel. bas. — *Pluche*, Concorde de la géographie des différents âges, Paris, 1785, avec cartes insérées dans le texte, in-12 d. rel.—Histoire de Charles XII, par Voltaire, Bales, 1756, 2 t. rel. en 1 vol. in-12 bas.

505 Romain Joly (J.), Théologie, ou sommaire de la doctrine chrétienne, Paris, 1790, 2 vol. in-12 rel. en un —Théologie du chrét. fidèle, en forme d'entretiens, Villefranche, 1778, in-12 rel. bas.—Le livre de Tobie avec des réflexions, etc., par de la Neuville, Paris, 1723, in-12 br.

506 Roques (A.) Le monde et patrie, ou le poète errant, Paris, 1843, in-8 br.— Le comte d'Ussy, ou l'enlèvement d'Hélène avec des poésies anacréontiques, Paris, 1825, in-8 br.—*Gay*, Le retour, poëme, Paris, 1828, in-8 br.— Le loto, poëme, Genève, 1829, in-8 br.—La famine, en vers, Poitiers, 1848 in-8 br.

507 Roguedof. Le chevalier chrét. . ou les chastes amours de Ponce de Meyrueis, poëme, Paris, 1844, in-8 br.—*Yver*, le dévoilement de l'erreur, Paris, 1834, in-8 br.— L'art de la verrerie, poëme en 4 chants, in-12 cart.

508 **Roselly** de Lorgues, Le Christ devant le siècle, Paris, 1835, in-12 d.-rel. v. vert.— La mort avant l'homme, Paris, 1844, in-8 d.-rel. — La croix dans les 2 mondes, Paris, 1845, in-8 d.-rel.

509 **Rouen** (L. de) bar. d'Alvimare, Recueil de réfutations, etc. Paris, 1844, in-8 broché.

510 **Roussel**, Principes de religion, ou préservatif contre l'incrédulité, Paris, 1753, petit in-12 rel. bas. — Controverse pacifique, par de Pompignan, Paris, 1758, in-18 rel. v.—L'incrédulité convaincue, par les prophéties, Paris, 1759, 3 vol. in-18 rel. v.

511 **Ruyneau** de St-Georges, Essais philosophiques et historiques sur le christianisme au XIXe siècle, Paris, 1851, in-8 br.

512 **Ruinart**, Les véritables actes des martyrs, traduits par Drouet de Maupertuy, Paris, 1732, 2 vol. in-12 rel. v.

513 **Sacy** (de), La Ste Bible, latin-français, avec des notes pour l'intelligence des endroits les plus difficiles, Paris, 1711, 20 vol. in-12 (y compris les livres apocryphes) rel. v.

514 **Sacy** (de), La Ste Bible, traduite en français, avec une explication au sens littéral et spirituel, Bruxelles, 1717, 41 vol. petit in-8 rel. v.

515 **Sage** (le), Atlas hist., chronolog., géograp. et généalog., avec correction et addition, Florence, 1806, grand in-f°.

516 **Sainjore**, Bibliothèque critique, Amsterd. 1708, 3 vol. in-12 rel. v.— *Tobtie*, C. soc. Jesu de instructione sacerdotum, Lyon, 1642, in-8 r. v.

517 **Saintebeuve**, Résolutions des cas de conscience, touchant la morale et la discipline de l'Eglise, Paris, 1715, 3 vol. in-8, rel. v.

518 **Salacroux**, Nouveaux éléments d'histoire naturelle, Paris, 1830, in-8 fig.

519 **Salegues** Mémoire au roi pour le sieur J. Lesurques, né à Douai, Paris, 1822, in-8 br. fig. — Mémoire pour le clergé de France dans l'affaire de foi et hommages, avec réponses, Amsterd. 1785, in-8 rel. v.— *Tournon*, La providence exquise, hist. relig. et morale, édit. refaite par le Ve Walsh, Paris, in-8 br.

520 **Sannazar** (de), L'enfantement de la Vierge, poëme traduit du latin, Paris, 1830, in-18 br.— Dévotion pratique aux sept principaux mystères douloureux de la très-sainte Vierge Marie mère de Dieu, Paris, 1828, in-12 b.

521 **Santeuil**, Hymni sacri et novi, Paris, 1698, in-12 rel. v. tr. dorée, avec airs notés.—Poésies de Mlle de *Malcrais* de la Vigne, Paris, 1735, in-12 rel. v.— Poésies françaises de Regnier-Desmarais, Paris, 1708, in-12 rel. v.

522 **Saulcy**, La Palestine, le Jourdain et la mer morte, Paris, 1854, in-8 br. —La Syrie et la Palestine, Paris, 1855, in-8 br.—Mandet, Notices nécrologiques, sur Ch.Crosatier,Paris, 1855, in-8 br.—Notice biogr. de J. C. G. du Coétlosquet, évêqu. de Limoges, Metz, in-8 br.

523 **Scheffmacher**, Lettres d'un docteur catholique à un protestant, sur les principaux points de controverse, Rouen, 1769, 3 vol, in-12, rel. v.

524 **Seguin** (Mlle) Fleurs de bruyères, Paris, 1820, in-8 br.—Les Papillons sur mer, poëme, in-8 br.— Dernier chant, par Achille Clisieux, Paris, 1844, in-8 br. — Euphémie, ou le triomphe de la religion, drame d'Arnaud, Paris, 1768, in-8 rel. fig.

525 **Schoonaerts**, Examen confessariorum per universam theologiam moralem facillimà methodo deductem, Trajecte, 1743, in-8 br.—*Stejarctium*, Regulæ legendi et intelligenti scripturam sacram, Louvin, 1744, in-8 br.

526 **Sermons** de Marolles, Paris, 1785, 2 vol. in-12 br.— Sermons de l'abbé Poulle, 2 vol. in-12 rel. — Sermons et conférences de l'abbé *Bats*, Clermont-Ferrand, 1838, 2 vol. in-12 br.

527 **Sénault**, Le Monarque, ou les devoirs du Souverain, Paris, 1661, in-4 rel. v.

528 **Sentiments** des Facultés théologiques de Paris, de Reines et de Nantes, sur la thèse soutenue à Notre-Dame des Ardilliers, de Saumur, 1722, in-12 rel. v.—Entretiens sur le décret de Rome, contre les réflexions morales du père Quesnet, 1709, in-12 rel. v.

529 **Sermons** de Massillon, Paris (Etienne), 1776, 15 vol. in-12 rel.

530 **Sicard**, Dict. généalog., historiq., critiq. de l'Ecriture Sainte, Paris, 1804, in-8 br.

531 **Sicard**, Dict. généalog., historiq. et critique de l'Ecriture Sainte, Paris, 1804, in-12 d.-rel. — *Nonnotte*, Dict. philosop. de la religion, Lyon, 1773, in-8 rel. bas. fil.

532 **Smith** (W.), Histoire de la nouvelle Yorck, Londres, 1767, in-12 rel. b. —Id. du gouvernement ancien et moderne de l'Egypte, Paris, 1743, in-12 rel. avec fig.—Itinéraire de la vallée de Chamouni, du Bas-Vallais, et de ses montagnes, Génève, 1805, in-12 d.-rel. bas. — Hist du gouvernement des anciennes républiques, par *Turpin*, Paris, 1769, in-12 r. v.

533 **Seinner**, Essai sur le dogme de la métampsychose et du purgatoire, enseignés par les Bramins de l'Indostan, Rouen, 1771, in-12 rel. bas.

534 **Sirmondi**, Facundi episcop. Africane libri XII, Paris, 1629, in-8 rel. vel. —Ad tiranes in academiis et episcop. seminariis theol. alumnos. instit. theologica, Leodij, 1705, in-8 rel. v.

535 **Somnia** Salomonis, Davidis regis filij, uno cum Danielis prophete somnior. interpretatione, Venetiis, 1546 in-4 goth. rom. gr. sur bois.

536 **Spanheim**, Histoire de la papesse Jeanne, La Haye, 1720, 2 vol. p. in-8 rel. en un vol. fig.

537 **Spincer** Dissertatio de unim, etc., ch. 33, v. 8, Cantabrigiæ, 1670, in-8 rel. v.—Decreta sacra facultatis de potestate ecclesiastica Auguste tricus sinorum, 1612, in-12 rel. v.

538 **Sulan** de Lirey, Histoire des différentes religions, depuis leur origine jusqu'à nos jours, Paris, 1245, gr. in-8 br. fig. et port.

539 **Strassur**, Philippus Cominiens, Franc. 1694, in-12 d.-rel.

540 **Staël Ssolstein** (de), De la littérature, précédé de la vie de l'auteur, Paris, 1812, 2 vol. in-8 d. rel.

541 **Synopsis** Doctrinæ sacræ seu unigenica et præcipua ex veteri ac novo testamento loca, etc. Paris, 1763, in-8 rel. v.

542 **Symon**, Des mœurs et des doctrines du rationalisme en France, Paris, 1839, in-8 br. — *La Luzerne*, Considérations sur l'état ecclésiastique, Lyon, 1842, in-8 br. — *Cousin*, De la métaphysique d'Aristote, Paris, 1835, in-8 br.

543 **Tabaraud**, Principes sur la distinction du contrat et du sacrement de mariage, Paris, 1825, in-8 d.-rel.

544 **Theophili** Sigefridi museum sinicum inquo sinicæ linguæ et litteraturæ ratio explicatur Pretrapoli, 1730, in-8 rel. vel.

545 **Thiers**, Traité de l'exposition du saint sacrement de l'Autel, Paris, 1673, in-12 rel. v.

546 **Thibaud** (l'archevêque), Mémoires et pièces justificatives adressées à la Convention nationale, Paris, 1793, in-8 rel. bas.—Compte-rendu au directoire exécutif, par *Sherer*, ministre de la guerre, Paris, an VII, in-8 br.—Des assassinats et des vols politiques, Londres, 1795, in-8 br.—Relation d'un voyage à Bruxelles et à Coblontz (en 1791), Paris, 1823, in-8 br.

547 **Titsingh**, Mémoires et anecdotes sur la dynastie des Djaguans, avec notes d'Abel Remusat, Paris, 1820, in-8 d.-rel. v. fig.— *Savigny*, naufrage de la frégate la Méduse, Paris 1817, in-8 d.-rel. fig.—Bulletins de la grande armée, Berlin, 1806, in-8 rel. bas.

548 **Tissot**, Parallèle du christianisme et du rationalisme, Paris, 1829, in-8 b. — *Gratien de Semur*, Traité des erreurs et des préjugés, Paris, 1843, petit in-8 d.-rel.

549 **Titon** du Tillet, Essais sur les honneurs et les monuments accordés aux illustres savants, Paris. 1734, in-12 rel. v.

550 **Tournon**, Traité historiq., dogmat. et moral. sur la providence, Paris. 1754, in-12, rel. v.— Id; parallèle de l'incrédule et du vrai fidèle, Paris. 1758, in-12, rel. v. — La providence faisant tout pour le bonheur des hommes, Paris, 1816, in-12 rel. bas.

551 **Tournely**, Revue par les Sulpiciens. Prælectiones theologicæ. 10 vol. in-12 rel. v. (rappareillés).

552 **Traités** divers de saint Augustin, Confessions, Soliloques et Méditations, —les deux livres de la Prédestination et de la Persévérance,—La morale chrétienne sur l'amour de Dieu , — Le véritable esprit des disciples de saint Augustin.—Défense de saint Augustin, par le P. Daniel. 8 vol. in-12 rel. v.

553 **Traité** de l'étude des conciles et de leurs collections. Paris, 1724 . in-4 rel. v. fauve.

554 **Traité** du flux et reflux de la mer , par Jacq. Alex , bénédictin. Paris, 1726, in-12 rel. v. fig. — Les cérémonies chinoises conformes à l'idolâtrie grecque et romaine. Cologne, 1724 , in-12 rel v. — Portrait de la femme forte et vertueuse. Paris, 1729, in-12 rel. v.

555 **Traités** des droits de la liberté de l'église gallicane , 1664; in-f° rel. v. fauve.

556 **Traité** du mystère de l'incarnation et autres divers traités. 7 vol. in-8 et in-12 (manuscrits) rel.

557 **Traité** du secret de la confession, Paris, 1708, in-12 rel. v. — Dissertations théologiques sur les prêts à intérêt , par Petitdidier, Nancy, 1748, in-12 rel. v.—Beaux exemples de la piété filiale et de concorde fraternelle, par J. Fréville. Paris, 1802, in-12 rel. bas.

558 **Traité** de la perfection de l'état ecclésiastique. Lyon, 1759, 2 vol. in-12 rel. v.

559 **Tricalet**, Année spirituelle , contenant tous les exercices qui peuvent nourrir la piété pour chaque jour de l'année. Paris , 1760 , 3 vol. pet. in-12 rel. v.

560 **Valladier**. Minaléologie sacrée , ou sermons sur tous les évangiles du Carême. Rouen, 1728, in-8 rel. vel.—*Didaci de Cavega*, Sermons latins pour le Carême sur les 7 psaumes de la pénitence. Paris , 1606 , in-8 rel. vel.

561 **Varenes** (de), Les hommes. Paris. 1727, in-8 rel. v.—Relation de la captivité de la Mère Angélique de St-Jean, relig. de Port-Royal, 1711. in-12 rel. v.

562 **Valentin** , Les ducs de Bourgogne. Liège , 1845 , in-8 cart.— *Collin de Plancy*, La chronique de Godefroy de Bouillon. Paris , 1848. in-8 cart.. jolies fig.—*Montrond*. Les prélats les plus illustres de la France. Lille. 1855, in-8 cart.

563 **Vay**, Considérations philosophiques sur le Christianisme. Bruxelles, 1785, in-8 rel. v.—Lettre pastorale de l'archev. de Trèves. Genève, 1823, in-8 d. rel. — *Montlausier*, Apologie du clergé et des jésuites. Bruxelles, 1828, in-8 rel. bas.

564 **Vedelio**, De cathedra petri seu de episcopatu antiocheno et romano S. apostoli petri libri duo. Francfrerœ, 1640, in-12 rel. v. fil.

565 **Vérités** divines pour le cœur et l'esprit. Lausanne, 1823, 2 vol. in-8 br.

566 **Vérité** (la) rendue sensible à tout le monde, Autrecht, 1742, 2 vol. in-12 rel. v. — Examen pacifique de l'acceptation de la bulle Uginitus , par Petitpied. Genève, 1754, in-12 rel.

567 **Veuillot** (Eugène), L'Eglise, la France et le schisme en Orient. Paris, 1855, in-12 b.

568 **Vie** et OEuvres de Cormeaux. curé en Bretagne et zélé miss. Paris. 1796. 2 vol. in-12. rel. bas.

569 **Vie** de sainte Richarde, impératrice d'Allemagne, reine de France. Paris, 1833, in-12 rel. — Vie de saint Vincent de Paul, in-12 rel. — La Mère de Dieu, par l'abbé Constant, in-12 br.

570 **Vie** de Paris, diacre en France, 1734, in-12 rel. v.— Idem du diacre Pâris, Bruxelles, 1724, in-12 rel. v. — Histoire de la conversion de M. Château. Paris, 1706, in-18 rel. bas. — Vie de Lantages, Paris, 1830, in-18 rel. bas. — Convention entre Sa Sainteté Pie VII et le gouvernement français, in-12 rel. v. — Vie du saint de chaque jour de l'année. Paris, 1826, in-18 br., avec gravures.

571 **Vie** des Saints pour tous les jours de l'année, édit. illustrée. Paris, 1852, gr. in-8 br. — Eloge de M. Récamier, par Gouraud. Paris, 1853, in-8 br.— Eloge d'O'Connell, par le P. Lacordaire. Paris, 1848.— Vie de Mad^{lle} de Lamourous, dite la bonne Mère, par Pauget, Lyon, 1844, in-12 d. rel.

572 **Vie** des Saints pour tous les jours de l'année. Lyon, 1847, in-12 br. — *Mésanguy*, Vie des saints pour tous les jours de l'année, Paris, 1757, in-12 rel. v.— Vie édifiante de Mme Louise de France, Lyon, 1844, in-12 rel.—Vie de Mme la dauphine Mère de Louis XVIII, par l'abbé Sicard, Lyon, 1819, in-12 rel.—Vie du R. P. Cointet. Paris, 1856, in-12 b.

573 **Vies** des Prophètes, avec des réflexions. Lyon, 1685, in-8 d. rel.—Vie de Louis IX, par de Villiers, Paris, 1769, in-12 br.—Vie de l'abbé Caulet, Cologne, 1762, in-12 br.—Vie de Jeanne de France, par Mme de Genlis. Paris, 1816, 2 vol. in-12 br.— Vie de Mlle Bourjot, épouse de M. Quatremère. Paris, 1794, in-12 rel. bas.

674 **Vie** de Molière et observations sur la comédie et sur le génie de Molière. *Piccoboni*. Paris, 1705 et 1736, 2 vol. in-12 rel. v.—Œuvres poétiques de J. Marot, Paris, 1723, in-12 rel. v.

575 **Vie de Napoléon** Bonaparte. Paris, 1815, suivie de la vie et du procès du maréchal Ney, in-18 rel. bas. fig. — Histoire de Vidocq, chef de la police de sûreté. in-12 d. rel.

576 **Villiers** (de) du Terrage, Loisirs d'un ancien magistrat, en vers français, 2 tomes en un vol. in-8 d. rel.—Rabiou, Les Fleurs de la poésie française, Tours, 1844.—Girault. Joies et larmes poétiques. Le Mans, 1836, in-8 d. rel.

577 **Villemain**, Nouveaux mélanges hist. et littér. Paris, 1827, 2 vol. in-18, rel. bas.—*Mélanchton*, Epistolarum liber cum ecclesiastica tum politica et historica. Lugd. Batav., 1647 in-8 d. rel maroq. r.

578 **Villermay**, Recherches histor. et médicales sur l'hypocondrie. Paris, 1802, in-8 br.—Observations de M. Bergasse sur le doct. Mesmer, inventeur du magnétisme animal. Londres, 1785, in-8 br.— Recherches et doutes sur le magnétisme animal, par Thouret. Paris, 1784, in-12 br.

579 **Vincent Cartar**, Images des anciens dieux et des cérémonies mises en usage en leurs différents cultes (texte italien). Lyon, 1581, in-8 rel. fig. sur bois.

580 The **Worbes** of **William** Paley. Edimbourg, 1830, in-8 cart.

581 **Voiture** (Œuvres de). Paris, 1672 (taches à la marge), in-8 rel. v.

582 **Vossii** (G.-J.) Historiæ de controversiis Quæ Pelogius ejusque reliquiæ moverunt libri septem. Lugd. Batav. 1618 in-4 d. rel. v.

583 **Voix** (la) de l'Episcopat. Paris, 1853, gr. in-8 br.

584 **Dassance**, Bibliothèque des prédicateurs, Paris, 1832, 15 vol. in-8 br.

585 **Bulletins** officiels du ministère de l'intérieur, de l'année 1848 (Ledru-Rollin), Paris, 1848, in-8 br.

586 **Psalterium** cisterciense cum canticis, etc. Paris, 1754, beau vol. in-8 rel. v. tr. dorée fig.

587 **Terre sainte**, ou description des lieux les plus célèbres de la Palestine avec grav. en taille douce. Paris, 1820, in-8 d.-rel. (carte de la Ter. Ste)

588 **Jacobi** Gretseri. Soc. Jesu theologi 6 traités importants en latin. In

golstadii, 1608, in-4 rel. vel. (bel exemplaire).

589 **Gelassii** Cyziceni commentarius actorum. Nicæni concilii, grec-lat. Lutetiæ, 1599, in-8 rel. — Jacobi Rhenferdii periculum Palmyrenum sive litteraturæ veteris Palmyrenæ indagandæ, etc. Franesqueræ, 1704, in-4 rel vel.

590 **Apostolorum** et sanctorum conciliorum decreta, grec-latin, Paris, 1540, in-8 rel. vel.—Sancti martyris Ignatii Antiochiæ, texte grec-latin, Paris, 1558, in-8, rel. v.—B. Gregorii Nissenii epistola, grec-latin, Paris, 1606, in-8 rel. vel.

591 **Lacordaire**, Conférences de Notre-Dame de Paris, années 1835, 1836 et 1843, Paris, 1844, 2 t. rel. en un vol. in-8 d.-rel maroq.

592 **Formules** de cérémonies et de prières pour le sacre de Sa Majesté Louis XVI, Reims en 1775, Paris, 1775, gr. in-8 d.-rel. dos et coins maroq.— Occasio, drama P. J. David, soc. Jesu sacerd. Anvers, 1605, in-4 d.-rel. maroq.

593 **Traités** choisis de St Augustin, sur la grâce, le libre arbitre et la prédestination, Paris, 1757, 2 vol. in-12 d.-rel.

594 **Platon** Polichinelle, ou la sagesse devenue folie, par un solitaire auvergnat, Lyon, 1847, 3 vol. in-18, br.—Le réveil du peuple, par le même, Paris 1854, in-18 br. — L'arche du peuple, par le même, Paris, 1854, 2 vol. in-18 br.

595 **Biographie** des députés, précédée d'une histoire de la législature de 1812 à 1840, Paris, 1846, in-18 br. — Biographie des 750 représentants du du peuple, élus le 13 mai 1849, par 2 royalistes, in-18 b.

596 **Martinet**, De l'éducation de l'homme, Paris, 1851, in-12 br. — Trois questions soumises à la nation, par de la Rochejaquelin, Paris, 1850, in-12 br.— Abolition de la misère, par Ch. Dupin, in-18 br.—Le socialisme devant le bon sens populaire, par n'importe qui, Paris, 1849, in-18 br.

597 **Deleuze**, De l'organisation sociale de la France, ou le véritable socialisme, avec du pain, du travail et de la vérité, Paris, 1849, in-12 br.— Statolatrie, ou le communisme légal, par Martinet, Paris, 1848, in 18 br.— La vérité au peuple au point de vue religieux, Paris, 1853, in-18 br.— Messieurs les socialistes, une solution, s'il vous plaît? par Gratiot, Paris, 1848, in-18 br.

598 **Cormenin**, Divers opuscules— Feu! feu; —Oui et non ;— Lettres sur la liste civile, etc., etc. Paris 1845 à 1848, 6 vol. in-12 br.

599 **Almanach** do la Cour du règne des Bourbons et de celui de Napoléon 1er, 7 vol. in-24, dont 4 rel. maroq. et 3 br. dans leur étui, avec fig.

600 **Annuaire** de la Cour royale et de la Cour d'appel depuis 1834 jusqu'à 1853, 22 vol. in-18, bien reliés.

Imprimerie de A. Jacqueline, à Saint-Lo.